Kleine Geschichte Badens

W0077053

Annette Borchardt-Wenzel

Kleine Geschichte Badens

Verlag Friedrich Pustet
Regensburg

Umschlagmotiv:
Burg und Dorf Rötteln mit dem Wiesental. – Ölbild von
Heinrich Meichelt, um 1820. Nach: G. Kircher,
Zähringer Bildnissammlung, S. 189 (Markgräfliche Sammlung).

Bibliografische Information der Deutschen Nationalbibliothek
Die Deutsche Nationalbibliothek verzeichnet diese Publikation
in der Deutschen Nationalbibliografie; detaillierte bibliografische
Angaben sind im Internet über http://dnb.d-nb.de abrufbar.

www.verlag-pustet.de

ISBN 978-3-7917-2365-5

© 2011 by Verlag Friedrich Pustet, Regensburg
Umschlaggestaltung: Kulturdesign Anna Braungart, Tübingen
Satz: Vollnhals Fotosatz, Neustadt a. d. Donau
Druck und Bindung: Friedrich Pustet, Regensburg
Printed in Germany 2011

Inhalt

Vorwort

Baden – das war der Name eines Ortes an der Oos, am Rande des nördlichen Schwarzwalds. Ihrer heißen Quellen wegen schätzten schon die badelustigen Römer diese Siedlung. Oberhalb des Ortes, den wir heute als Baden-Baden kennen, ließ im Hochmittelalter ein Markgraf namens Hermann eine Burg anlegen: (Hohen-)Baden. Und weil es unter Adeligen damals in Mode kam, sich nach ihrer Burg zu benennen, wurde Baden nun auch zum Namen einer Familie: In einer Urkunde aus dem Jahr 1112 taucht erstmals die Bezeichnung „von Baden" auf.

Mit dem Jahr 1112 beginnt die eigentliche Geschichte des Landes Baden. Wie andere Adelsfamilien waren die Markgrafen von Baden bestrebt, ihren Besitz und ihre Herrschaft auszubauen. Alles in allem blieb Baden im Konzert des Heiligen Römischen Reiches Deutscher Nation jedoch eine kleine Nummer, denn es bestand nur aus einigen Gebietsfetzen, die großzügig am Oberrhein verteilt waren. Badens große Stunde schlug erst, als das römisch-deutsche Reich unterging: Als Großherzogtum von Napoleons Gnaden wurde Baden 1806 aus einer Vielzahl von Einzelterritorien geschmiedet, die nie zuvor eine politische Einheit gebildet hatten. Unvermittelt prallten in dieser Neuschöpfung Traditionen und Aversionen aufeinander. Verblüffend ist, dass es trotzdem verhältnismäßig rasch gelang, in diesem Kunststaat ein badisches Wir-Gefühl zu entwickeln. Es hat sich – freilich in recht unterschiedlicher Ausprägung – bis in die von Mobilität und Migration geprägte Gegenwart als Landesteil von Baden-Württemberg erhalten.

Diese kleine Geschichte blickt auf den Raum, der als badischer Teil des heutigen Südweststaates gilt. Sie ist konzipiert als leicht lesbarer, auf das Wesentliche konzentrierter Überblick über die Entwicklungsphasen dieses heterogenen Gebiets von der Steinzeit bis in die Gegenwart. Sie kann und will ein gelegentliches Überschreiten der „Grenzen" aber nicht vermeiden.

Die Geschichte dieses Raumes auf wenigen Seiten darzustellen, ist ein Unternehmen, das viel Mut zur Lücke fordert, zumal hier nicht nur politische Entwicklungen dargestellt werden sollen. Beim Schwerpunkt-Setzen greife ich insbesondere Fragestellungen auf, die mir bei meiner journalistischen Arbeit häufig begegnen. Geschichte ist in unserer Gegenwart schließlich jederzeit präsent. Sie fasziniert uns beim Spaziergang durch alte Städte, lässt uns über bemooste Grenzsteine stolpern und drängt sich in die Erinnerung, wenn ein Badener mit einem Schwaben über die Unvereinbarkeit ihrer Lebensweisen philosophiert. Ein Anliegen war es mir außerdem, bei aller Kürze, die eine „kleine Geschichte" gebietet, nicht nur den Badenern, sondern auch den Badenerinnen Gerechtigkeit widerfahren zu lassen.

Getragen ist dieses Buch von der Überzeugung, dass Geschichte Spaß macht und Spaß machen soll. Nicht zuletzt deshalb kommt in der kleinen Geschichte das ein oder andere Kuriosum zu Ehren, das Wissenschaftler eher in einer Fußnote abhandeln würden. Aber dieses Buch ist ohnehin nicht für die Fachwelt geschrieben, sondern einfach für Menschen, die neugierig sind auf die Geschichte des Landesteils, in dem sie wohnen, in dem sie arbeiten oder in dem sie Urlaub machen. Historische Kenntnisse, die über das allgemeine Schulwissen hinausgehen, habe ich nicht vorausgesetzt. Wer tiefer einsteigen will in die Historie des badischen Landesteils, findet im Literaturverzeichnis Hinweise auf grundlegende Werke und neuere Titel.

Land der Vielfalt

Das Badische ist in den Rhein gefasst, schrieb 1930 der in Hornberg geborene Schriftsteller und Diplomat Wilhelm Hausenstein (1882–1957). Eine um 1880 in Lahr erschienene Geographie des Großherzogtums, welche die *Ausdehnung und Gestaltung* Badens mit der Form eines Stiefels vergleicht, bemüht ebenfalls den großen Strom: Der Rhein von Mannheim bis Basel zeichne die Rückseite des badischen Stiefels, während der Flusslauf von Basel bis Konstanz seine Sohle bilde.

Diese alten Beschreibungen berichten von dem Land Baden, wie es von Beginn des 19. Jahrhunderts an bis zum Ende des Zweiten Weltkrieges bestand: Es ist der Raum, den diese „Kleine Geschichte" beleuchtet. Im Norden trifft er auf Hessen und Bayern, im Westen bildet der Oberrhein die Grenze zur Pfalz und zu Frankreich. Im Süden verläuft die Grenze weitgehend entlang des Hochrheins und am Bodensee, doch ragt die Schweiz mit dem Kanton Schaffhausen sowie mit Teilen der Kantone Zürich und Basel-Stadt an einigen Stellen auf die rechte Rheinseite hinüber. Auf modernen Landkarten praktisch nicht mehr auszumachen ist die östliche Grenze des alten Badens. Zum einen, weil Baden 1952 in Baden-Württemberg aufging, zum anderen, weil durch die Verwaltungs- und Gebietsreform der 70er-Jahre die an das historische Land Baden erinnernden Regierungsbezirke Nord- und Südbaden ausradiert und durch die neu und ohne Rücksicht auf die alten Ländergrenzen zugeschnittenen Regierungsbezirke Karlsruhe und Freiburg ersetzt wurden. Trotzdem sind im Gedächtnis vieler Badener die ehemaligen Grenzen nach Württemberg und Hohenzollern nach wie vor präsent.

Die badischen Autoren des 19. Jahrhunderts betrachteten den Rhein als eine Art Klammer, die den vom Bodensee im Süden bis zu Main und Tauber im Norden reichenden Staat zusammenhielt. Denn das zirka 15 000 km² umfassende Baden, auf dem klassischen Gebiet deutscher Kleinstaaterei entstanden, war aus politisch-historischer Sicht ein Flickenteppich. Daher rührt die

Vielzahl der hier gepflegten Traditionen. Typisch für Baden ist aber auch eine enorme Vielfalt von Landschafts- und Naturräumen. Das geographische Lehrbuch von 1880 teilt Baden in folgende Großräume ein: die schwäbische Hochebene im Bodenseegebiet, den südlichen und den nördlichen Schwarzwald, die Rheinebene mit dem Kaiserstuhl, das Hügelland des Kraich-, Pfinz- und Enzgaus, den „eigentlichen Odenwald" sowie das Bauland und die fränkische Hochebene. Große Ackerflächen und geschlossene Waldgebiete, weite Ebenen, rebenbestandene Hügel und ein teilweise schroffes Mittelgebirge prägen das Land gleichermaßen. Die höchste Erhebung Badens ist der Feldberg im südlichen Schwarzwald mit einer Höhe von 1493 Metern, den niedrigsten Punkt bildet der Rheinpegel bei Mannheim (85 m über NN). In der Rheinebene um Mannheim und Karlsruhe finden sich die industriellen Ballungszentren Badens.

Eine wichtige Rolle in Baden spielt bis heute die Landwirtschaft. Sonderkulturen sind von besonderer Bedeutung – bekannt sind etwa die Bühler Zwetschgen oder der Schwetzinger Spargel. Stolz sind die Badener zudem auf ihren „von der Sonne verwöhnten" Wein: Das drittgrößte Weinanbaugebiet Deutschlands erstreckt sich über rund 400 Kilometer auf die Bereiche Tauberfranken, Badische Bergstraße, Kraichgau, Ortenau, Breisgau, Kaiserstuhl, Tuniberg, Markgräflerland und Bodensee. Die Winzer finden die unterschiedlichsten Böden vor: vom Moränenschotter am Bodensee über tertiäre Kalk-, Ton- und Mergelböden, Lössablagerungen, Vulkangesteine und Granitverwitterungsböden bis zu Muschelkalk und Keuper im Kraichgau und im Taubergrund. Da auch die Höhen- und Klimaverhältnisse stark variieren, zeichnet sich Baden, was seine Weine angeht, gleichfalls durch eine verblüffende Vielfalt aus.

Der Oberrhein ist für sein mildes Klima berühmt – nirgendwo sonst in Deutschland sind die Winter wärmer und die Sommer heißer. Auch geologisch ist der Oberrheingraben bemerkenswert: Links von den Vogesen, rechts vom Schwarzwald flankiert, gehört er zu einem Bruchsystem, das Westeuropa von der Eurasischen Platte scheidet. Die Platten driften auseinander und irgendwann dürfte Europa an dieser Nahtstelle zerbrechen. Mannheim und Karlsruhe, die beiden größten badischen Städte, werden dann vom Meer verschluckt und Baden-Baden wird zum Küstenort. Bis es so weit ist, vergehen freilich noch etliche Millionen Jahre und fließt noch viel Wasser den Rhein hinunter.

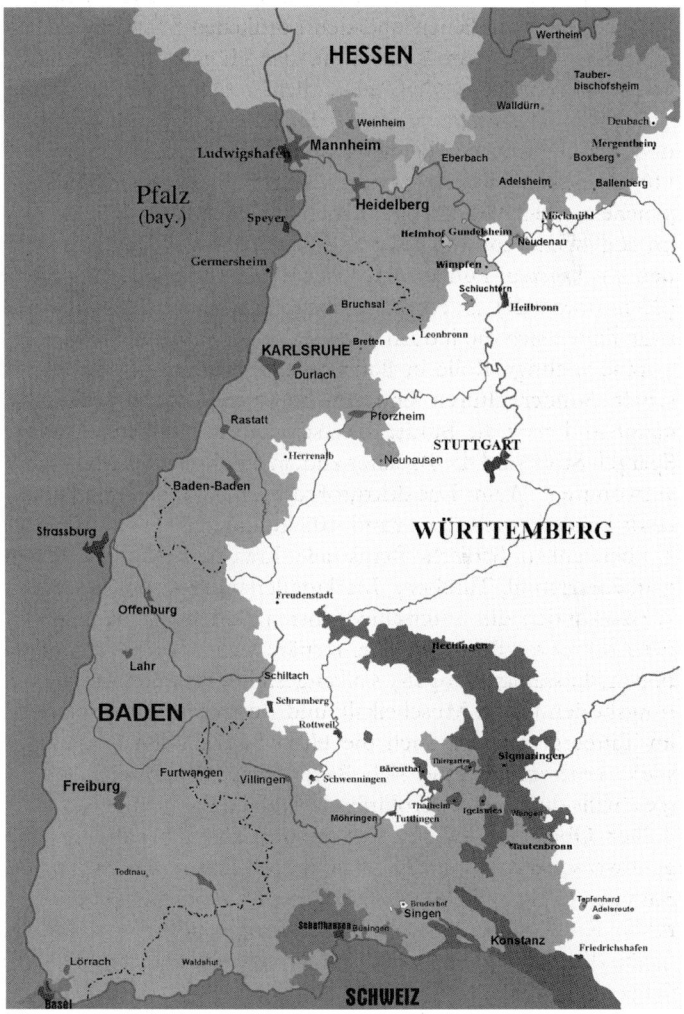

Karte des Großherzogtums Baden von 1806 bis 1918 bzw. der Republik Baden bis 1945.

Bevor es Baden gab

Ur- und Frühgeschichte

Am 21. Oktober 1907 entdeckte der Arbeiter Daniel Hartmann in einer Sandgrube bei der Gemeinde Mauer an der Elsenz unweit von Heidelberg einen Unterkieferknochen. In der Grube Grafenrain waren schon öfter fossile Tierknochen gefunden worden, doch dieser war anders. Obwohl Daniel Hartmann gewiss kein Fachmann war, erkannte er, dass es sich um einen menschlichen Überrest handeln musste. Abends erzählte er in seiner Stammkneipe: *Heit haw ich de Adam gfunne.*

Was der Arbeiter instinktiv vermutete, haben Wissenschaftler bestätigt. Der Adam aus der Sandgrube, der unter der Bezeichnung „Homo Heidelbergensis" berühmt wurde, ist mit einem Alter von über 600 000 Jahren der bislang früheste nachgewiesene Urmensch in Mitteleuropa. Lange galt er sogar als der älteste Europäer überhaupt. Sein Schädel ist das Glanzstück des Museums für Geologie und Paläontologie der Universität Heidelberg.

Werkzeuge aus Stein

Vermutlich hat sich der Homo Heidelbergensis einst mit einem Faustkeil durchs Leben geschlagen. Dieses „Schweizer Taschenmesser der Urgeschichte" diente den Jägern und Sammlern der Altsteinzeit zum Schneiden und Stechen, zum Schlagen, Schaben und Bohren. Werkzeuge und Waffen aus Stein gaben der längsten aller urgeschichtlichen Epochen, der Steinzeit, ihren Namen. In Europa begann sie vor etwa 1,2 Millionen Jahren. Damals erreichte der aus Afrika stammende Homo Erectus, der „aufgerichtete Mensch", unseren Kontinent.

Das eiszeitliche Europa war für die „Menschenartigen" ein ungemütlicher Lebensraum. Doch anders als der Begriff es suggeriert, war diese Periode der Erdgeschichte nicht durchgängig von eisiger Kälte geprägt. Das Klima wechselte stetig und es gab mehrere Warmzeiten, während derer der Urmensch in Richtung Norden vordringen konnte. Dass auch der Homo Heidelbergensis, dessen Schädel bei Mauer ausgegraben wurde, in einer Warmzeit lebte, zeigen die Funde von Tierknochen. Im Neckar, der bei Mauer damals eine Schlinge bildete, tummelten sich Flusspferde; in den Wäldern gab es Rehe, Waldelefanten sowie Nashörner und in der Graslandschaft konnte man Steppenwisenten, Wildpferden und sogar Löwen begegnen.

Vor etwa 300 000 Jahren entwickelte sich der Neandertaler, der in unseren Breiten auch Eiszeiten zu überleben verstand. Ein Schädel, der 1978 in einer Kiesgrube bei Reilingen (in der Oberrheinebene zwischen Mannheim und Karlsruhe) gefunden wurde, gehört zur Gruppe der frühen Neandertaler. Obwohl der Neandertaler weit weniger primitiv war, als man lange vermutete, ging seine Ära vor etwa 40 000 Jahren zu Ende. Um diese Zeit setzte sich der wiederum aus Afrika eingewanderte anatomisch moderne, der „vernunftbegabte" Mensch (Homo Sapiens Sapiens) durch. Mit ihm bekam die Kultur- und Technologieentwicklung einen neuen Schub. Rohmaterialen wie Knochen, Elfenbein und Horn gewannen an Bedeutung, bald wurden auch Schmuckstücke aus Tierzähnen oder Schnecken hergestellt.

Petersfels: Im Lager der Rentierjäger

Um herauszufinden, wie die Menschen in vorhistorischer Zeit lebten, sind die Archäologen auf Funde aus der Erde angewiesen. Eine ergiebige altsteinzeitliche Fundstelle ist der Petersfels bei Engen im Hegau. Dort, in der Nähe des Bodensees, an der Nahtstelle zwischen Schwarzwald und Schwäbischer Alb, befindet sich eine Höhle, die im Zeitraum vor etwa 15 500 bis 14 000 Jahren immer wieder kurzzeitig als Wohn- und Lagerstätte genutzt wurde. Der Petersfels war offenbar ein idealer Ausgangspunkt für die Jagd auf Rentiere, die im Herbst durch das Brudertal zogen. Zu den Hinterlassenschaften der Rentierjäger am Petersfels gehören kleine „Venus-Statuetten" aus Gagat. Auffällig ist, dass die steinzeitlichen Künstler, welche die weiblichen Figuren aus der schwarz glänzenden Braunkohle schnitzten, die Damen mit einem enorm großen Gesäß ausstatteten.

Mit dem Ende der letzten Eiszeit um 10 000 v. Chr. veränderten sich die Lebensbedingungen grundlegend. Rentierherden und Wildpferde zogen nach Norden, das Mammut starb aus. Noch waren die Menschen in unserem Raum Jäger und Sammler, doch in der Mittelsteinzeit machten sie nicht mehr Jagd auf Herden, sondern vorwiegend auf einzelne Tiere, auf Wildschweine etwa, Rehe und Hirsche. Pfeil und Bogen waren jetzt die wichtigsten Waffen, die Steinwerkzeuge wurden zierlicher und kleiner. Der Fischfang und das Sammeln von Wildgetreide, Nüssen und Früchten gewannen an Bedeutung.

Eine Revolution läutet die Jungsteinzeit ein

In Vorderasien machten die Menschen eine umwälzende Entdeckung: Sie stellten fest, dass man erfolgreich in den Lauf der Natur eingreifen, dass man Pflanzen züchten und Tiere domestizieren kann. Aus umherziehenden Jägern und Sammlern wurden sesshafte Bauern und Viehzüchter. Die neue Lebensweise verbreitete sich vom „Fruchtbaren Halbmond" aus nach Europa. In unserem Raum wurden ab etwa 5500 v. Chr. Einkorn, Emmer und Gerste angebaut.

In die dichten Laubwälder schlugen die Bauern Lichtungen für ihre Siedlungen und Felder. Landbesitz, Vorratshaltung, Eigentum und Familienbande gewannen an Bedeutung, zugleich erhielt die technologische und kulturelle Entwicklung eine bislang ungekannte Dynamik. Die Folgen des Wandlungsprozesses waren geradezu revolutionär. Der australische Wissenschaftler Vere Gordon Childe (1892–1957) prägte daher in Anlehnung an die „Industrielle Revolution" den Begriff der „Neolithischen Revolution" (Neolithikum ist der Fachausdruck für die Jungsteinzeit). Zu den wesentlichen Neuerungen der Jungsteinzeit gehören Tongefäße – nach ihren typischen Keramiken wurden etliche prähistorische Kulturen benannt.

Die Michelsberger Kultur

Auch in der Jungsteinzeit gab es unterschiedliche Kulturkreise mit verschiedenen Lebensgewohnheiten. Diese Unterschiede sind heute noch sichtbar an charakteristischen Artefakten, vor allem an Keramikgefäßen und deren Verzierungen. Die Archäologen benennen Kulturen nach dem Ort, an dem erstmals ein typisches Fund-Ensemble entdeckt wurde. Eine badische Fundstelle, die einer ganzen Kultur den Namen gab, ist der Michaelsberg bei Bruchsal-Obergrombach.

Auf der auch „Michelsberg" genannten Anhöhe wurden 1884 Scherben gefunden, die man als vorgeschichtlich erkannte. Der nordbadische Fundort wies eine Gefäßkeramik auf, die sich deutlich von früheren Kulturen unterschied. Man stellte fest, dass in der Jungsteinzeit auf dem Michaelsberg riesige Grabenwerke angelegt wurden. Den genauen Zweck dieser Anlagen konnten die Wissenschaftler noch nicht mit Sicherheit ergründen. Vergleichbare Erdwerke finden sich jedoch im gesamten Verbreitungsgebiet der „Michelsberger Kultur". Diese erstreckte sie sich zwischen 4300 und 3500 v. Chr. von Ostfrankreich über die südlichen Niederlande, Belgien und den Mittel- und Niederrhein bis nach Mitteldeutschland; sie war in Baden und in Teilen Württembergs verbreitet.

Gefäßensemble mit typischen Formen der Michelsberger Kultur vom Michaelsberg bei Bruchsal-Untergrombach, 3800–3700 v. Chr.

Der badische Raum ist von sehr unterschiedlichen Landschaften geprägt. Einige von ihnen waren schon in vorgeschichtlicher Zeit für die Menschen attraktiv. Das Kraichgauer Hügelland und die Gegend um den Kaiserstuhl gehörten ihrer fruchtbaren Böden wegen zu den bevorzugten Siedlungsgebieten jungsteinzeitlicher Bauern. Bei Vogtsburg-Bischoffingen haben Archäologen 2010 ein Steinzeit-Dorf entdeckt, das auf 5500 bis 5000 v. Chr. datiert wurde: Die ersten Breisgau-Bauern haben dort in acht Meter breiten und über 30 Meter langen Häusern gelebt. Bis ins Mittelalter hinein weitgehend unbesiedelt blieb der Schwarzwald. Die vorgeschichtlichen Landwirte mieden auch die unmittelbare Nähe des Rheins, weil die vielen Überschwemmungen und häufigen Verlagerungen des Flussbettes sie um die Früchte ihrer Arbeit zu bringen drohten. Da die bevorzugten Siedlungsräume jedoch bald nicht mehr Platz genug für alle boten – die sesshafte Lebensweise und die verbesserte Ernährungssituation ließen die Bevölkerung deutlich anwachsen –, wichen die Menschen auch in weniger komfortable Lagen in den Mooren und an den Seeufern des Voralpenlandes aus.

Die Besiedelung der Flachwasserzone am Bodensee setzte um 3900 v. Chr. ein. Von „Pfahlbauten" sprechen die Wissenschaftler allerdings nicht mehr gerne, man bevorzugt den neutraleren Begriff „Feuchtbodensiedlungen". Mit Pfahlbauten verbinden die meisten Menschen nämlich noch immer – wie einst die Forscher des 19. Jahrhunderts – Hütten, die auf Plattformen im Wasser errichtet sind. Heute ist die Fachwelt jedoch der Auffassung, dass es je nach Standort ganz verschiedene Typen von Pfahlbauten gab: So können ebenerdige Ufersiedlungen ebenso auf Pfählen errichtet sein wie Häuser, die im Überschwemmungsgebiet liegen, oder Hütten, die tatsächlich im Wasser stehen. Um welche Art von „Feuchtbodensiedlung" es sich handelt, muss man also für jeden Fundort gesondert untersuchen. Im Pfahlbau-Museum in Uhldingen-Mühlhofen (Bodenseekreis) kann man rekonstruierte Feuchtboden-Bauwerke aus der Jungsteinzeit sowie der Bronzezeit besichtigten.

Rekonstruierte Pfahlbauten in Unteruhldingen. – Seit Juni 2011 gehören 111 Pfahlbaufundstätten in Europa zum Weltkulturerbe. Neun davon befinden sich am Baden-Württemberger Bodenseeufer.

Neue Werkstoffe aus Metall

Schon in der Jungsteinzeit haben die Menschen begonnen, Kupfer aus Erz zu gewinnen. Dann entdeckten sie, dass dieses Metall härter wird, wenn man ihm einen Teil Zinn zusetzt. So wurde es beispielsweise möglich, Schwerter herzustellen. Die Bronzezeit war angebrochen (2200 bis 800 v. Chr.).

Die Bronzezeit war durch einen regen Handel gekennzeichnet – weil Zinn nur in wenigen Lagerstätten gewonnen werden konnte, musste es über weite Strecken transportiert werden. So steckt vermutlich Zinn aus Cornwall in England in Dolchen, die man in einem Gräberfeld in Singen fand. Verglichen mit Bronze war Eisen, das in Mitteleuropa ab etwa 800 v. Chr. erzeugt wurde, ein „billiger" Werkstoff, der sich zudem durch eine bislang unerreichte Elastizität und Härte auszeichnete. Das brachte die Waffentechnik voran, aber auch die Landwirtschaft profitierte. Eisenwerkzeuge ermöglichten bessere Pflugtechniken, was zu höheren Erträgen führte.

In der Eisenzeit taucht nördlich der Alpen erstmals ein uns namentlich bekanntes Volk auf: die Kelten. Von ihnen selbst existieren keine schriftlichen Quellen, die Bezeichnung geht auf griechische und römische Autoren zurück. Archäologische Spuren haben die Kelten in Südwestdeutschland reichlich hinterlassen. Dazu gehören prunkvolle Grabstätten, die allein schon durch ihre Größe imponieren. So waren für einen Grabhügel bei Villingen 46 000 m³ Erdreich aufgeschüttet worden. Die darunter verborgene hölzerne Grabkammer wurde freilich bereits in der Antike ausgeraubt.

Die archäologischen Funde aus der Keltenzeit vermitteln das Bild von einer feudalen Klassengesellschaft. An ihrer Spitze standen „Fürsten", die von befestigten Höhensitzen aus kleinere Siedlungsplätze kontrollierten. Ein Zentrum keltischer Macht bestand etwa auf dem schon in der Bronzezeit besiedelten Heiligenberg bei Heidelberg. Auch auf dem Münsterberg bei Breisach gab es einen befestigten Höhensitz. In der zweiten Hälfte des 5. Jahrhunderts v. Chr. kam es zu einschneidenden Veränderungen in der keltischen Welt. Die Besiedlungsdichte ging zurück, an die Stelle der aufwändigen Grabhügel traten einfache Flachgräber.

Gegen Ende der vorrömischen Eisenzeit gab es dann noch einmal eine Blütezeit der keltischen Kultur. Jetzt entstanden so genannte „Oppida", gewerblich organisierte und durch Wallanlagen und Mauern geschützte Zentralorte, in denen Handwerker für das Umland produzierten. In Baden sind nur vergleichsweise wenige dieser Großsiedlungen entdeckt worden. Eines davon, ein Oppidum im Dreisamtal bei Kirchzarten, hatte einen Umfang von etwa sechs Kilometern. Auch Münzen tauchten jetzt erstmals auf – der Geldverkehr dürfte den Handel in der komplexer werdenden Gesellschaft enorm erleichtert haben. Rätsel geben die „Viereckschanzen" auf. Bei diesen Gevierten mit Seitenlängen von 80 bis 140 Metern handelte es sich möglicherweise um Gehöfte der lokalen Prominenz.

Etwa ab dem 1. Jahrhundert vor Christus setzten Bevölkerungsverschiebungen ein. Unter dem Druck herandrängender germanischer Scharen verließen offenbar viele Kelten unseren Raum. Von den germanischen Sueben, die sich in Südhessen, am unteren Neckar und in der Ortenau niederließen, leitet sich die spätere Bezeichnung „Schwaben" ab. Das Ende der keltischen Kultur besiegelten die Römer. Gaius Julius Caesar, der 58 bis 50. v. Chr. das „Gallia" genannte Gebiet eroberte, betrachtete den Rhein als Grenze, die die keltischen Gallier von den im Osten lebenden germanischen Barbaren schied. Damit lag Caesar allerdings nicht ganz richtig, denn auf der rechten Seite des Stromes lebten zu dieser Zeit offenbar germanische wie keltische Bevölkerungsgruppen. Unter Kaiser Augustus besetzten die Römer 15 v. Chr. dann das Alpenvorland bis zur Donau; sie unterwarfen die keltischen Stämme der Räter, Vindeliker und Helvetier und integrierten die Besiegten in ihr Machtsystem. Innerhalb weniger Generationen wurden die Kelten „romanisiert". Man bezeichnet sie auch als GalloRömer oder Romanen.

Römische Lebensart

Der am Rande des Imperiums gelegene deutsche Südwesten im Schnittpunkt von Rhein und Donau hatte für die Römer eine immense militärische Bedeutung. Unter Kaiser Domitian, der 81 bis 96 n. Chr. regierte, wurde der größte Teil des heutigen Baden-Württemberg in das Weltreich integriert: Der Westen gehörte zur neuen Provinz Obergermanien *(Germania superior)*, die von Mainz aus verwaltet wurde. Oberschwaben mit dem Bodenseeraum war hingegen Teil der bereits früher eingerichteten Provinz Raetia mit der Amtsresidenz Augsburg. Lediglich der nordöstliche Zipfel des heutigen Südweststaats lag außerhalb des Römischen Weltreichs. Der über 550 Kilometer lange obergermanisch-raetische Limes grenzte die beiden römischen Provinzen gegen die im Norden und Osten siedelnden Germanen ab.

Da das Militär auf eine gut funktionierende Infrastruktur angewiesen war, bauten die Römer das Straßennetz systematisch aus. Für Obergermanien waren die östliche und die westliche Rheintalstraße von besonderer Bedeutung. Die östliche Fernstraße verlief über Ladenburg und Heidelberg nach Riegel.

Sie bog dann wohl nach Osten ab und führte an Hüfingen vorbei entlang der Donau in Richtung Schwarzes Meer. Gekreuzt wurden die Nord-Süd-Trassen von zahlreichen Ost-West-Verbindungen. Zwar sollten die Römerstraßen in erster Linie der Mobilität der Truppen, der Versorgung der Soldaten sowie der Nachrichtenübermittlung dienen, doch vom Ausbau der Handels- und Reisewege profitierte auch die einheimische Bevölkerung. Für das Land bedeutete die Zugehörigkeit zum römischen Weltreich eine kulturelle Blüte. Unter anderem brachten die Römer den Weinbau mit, der für Baden ein wichtiger Wirtschaftszweig werden sollte.

Multikulti in der Provinz

Gebäude aus Stein, Häuser mit Fußbodenheizungen, Wasserleitungen – die römische Lebensweise bot viele Annehmlichkeiten, die die einheimische Bevölkerung in den Provinzen rasch zu schätzen lernte. Mediterrane Einflüsse machten sich deutlich bemerkbar. Trotzdem verschwand das keltische Brauchtum nicht völlig aus dem Alltag der Menschen. Selbst im Götterhimmel war Multikulti angesagt.

Die Römer, die daran gewöhnt waren, eine Vielzahl von Göttern zu verehren, stießen in Obergermanien und Raetien auf keltische sowie germanische Kulte. In etlichen der fremden Gottheiten glaubten sie, Eigenschaften ihrer eigenen Götter wiederzuerkennen. Das führte dazu, dass sich die Glaubensvorstellungen im Laufe der Zeit überlagerten. So war „Abnoba" ursprünglich eine keltische Göttin. Die Römer, die den Schwarzwald als *mons Abnoba* bezeichneten, identifizierten die Herrin der wilden Natur mit ihrer „Diana". In provinzialrömischen Darstellungen der Diana Abnoba vermischen sich beide Traditionen miteinander. In Germania Superior und Raetia lebten aber auch Anhänger des persischen Mithras, der ägyptischen Isis und der kleinasiatischen Kybele. Außerdem sollte das Christentum zunehmend an Bedeutung gewinnen.

Siedlungen mit städtischem Charakter bildeten die Mittelpunkte römischer Kultur und Lebensart. Das „urbadische" *Aquae Aureliae* (Baden-Baden) gehörte dazu. Seine heilenden Quellen waren schon in sehr frühen Zeiten genutzt worden, aber erst die Römer bauten an der Oos Bäder. Die größte und besterhaltene

Römische und keltische Kulte verschmelzen miteinander – Altar der Diana Abnoba in der römischen Badruine von Badenweiler.

römische Badeanlage nördlich der Alpen wurde freilich 1784 in Badenweiler entdeckt. Fast neun Meter hoch soll der dortige Badetempel gewesen sein. Weitere stadtartige Ansiedlungen im badischen Raum befanden sich in Ladenburg *(Lopodunum)*, Heidelberg, Pforzheim *(Portus)*, Riegel am Kaiserstuhl *(Helvetum?)* und Hüfingen *(Brigobanne)*.

Von großer Bedeutung für die Erschließung des Landes waren neben stadtähnlichen und dorfartigen Siedlungen die *villae rusticae*, größere Gehöfte, in denen einheimische Bauern und entlassene Soldaten Ackerbau und Viehzucht betrieben. Im deutschen Südwesten sind tausende dieser landwirtschaftlichen „Großbetriebe" bekannt. Im Badischen Landesmuseum in Karlsruhe kann man heute den Keller einer römischen Villa Rustica aus Walzbachtal-Wössingen besichtigen. Er war 1966 bei Baggerarbeiten für ein Neubaugebiet entdeckt worden. Da ein Erhalt am Fundort nicht möglich war, wurde der Keller in Blöcken abgetragen und im Untergeschoss des Karlsruher Schlosses originalgetreu wieder aufgebaut.

Das römische Bürgerrecht

Wer in einer römischen Provinz lebte, war nicht automatisch ein römischer Bürger. Dieser Status war für die Romanen in unserem Raum aber sehr erstrebenswert. Nur wer das römische Bürgerrecht besaß, durfte Land sowie Sklaven besitzen und öffentliche Ämter bekleiden. Während eines Prozesses durfte ein römischer Bürger nicht gefoltert werden. Und: Er konnte eine vom Staat anerkannte Ehe eingehen. Letzteres war wichtig, weil die Kinder aus einer anerkannten Ehe ebenfalls das Bürgerrecht und die damit verbundenen Privilegien genossen. Freie Männer, die nicht als Römer geboren waren, hatten die Möglichkeit, sich das Bürgerrecht zu „verdienen". Wer 25 Jahre bei den römischen Hilfstruppen Militärdienst geleistet hatte, konnte – die ehrenvolle Entlassung vorausgesetzt – das römische Bürgerrecht erhalten. Eine Karriere in der Legion war keltischen und germanischen Bewerbern allerdings verwehrt, denn die Legionäre rekrutierten sich ausschließlich aus römischen Bürgern. Während die Legionäre vergleichsweise gemütlich im Hinterland stationiert waren, hatten die Hilfstruppen die Aufgabe, am obergermanisch-raetischen Limes die Grenzen zu sichern.

Germanen drängen ins Land

Die wirtschaftlich blühenden Landschaften der römischen Provinzen weckten Begehrlichkeiten bei den germanischen Völkern nördlich und östlich des Limes. Im Jahr 213 n. Chr. gelang es Kaiser Caracalla noch, die das Limesgebiet bedrohenden germanischen Stämme zurückzuschlagen – er trug fortan den Titel „Germanicus Maximus". Doch der Druck ließ nicht nach; 233 durchbrachen die Germanen auf breiter Front den Limes. Rom hatte den Horden, die plündernd und mordend durch die Grenzgebiete an Rhein und Donau zogen, nicht viel entgegenzusetzen. Das Weltreich war geschwächt durch innenpolitische Machtkämpfe und Mehrfrontenkriege; ein Großteil der Armee war aus Südwestdeutschland abgezogen worden, um andere Teile des Imperiums zu verteidigen.

Im Jahr 260 musste Rom nicht nur verheerende Niederlagen an den östlichen Kriegsschauplätzen hinnehmen – das Imperium erhielt einen zusätzlichen Schlag durch die Abspaltung des „Gallischen Sonderreichs", zu dem neben Gallien, Spanien, Britannien und den germanischen Provinzen zeitweilig auch Raetien gehörte. Zwar gelang es Kaiser Aurelian 274, dieses Sonderreich wieder ins römische Imperium einzugliedern, doch die Ermordung des Kaisers und die Schwäche seiner Nachfolger führten zu Germaneneinfällen bis ins Innere Galliens hinein. Die Verteidiger konnten dem fortwährenden Druck an der nordwestlichen Grenze nicht standhalten und zogen sich auf die Verteidigungslinie des „nassen Limes" an Rhein und Donau zurück. Beträchtliche Teile des heutigen Baden-Württemberg wurden damit militärisch aufgegeben und der römischen Kontrolle entzogen.

Verborgene Schätze

Für die keltischen, römischen und romanisierten Bewohner der Provinzen war es eine Schreckenszeit. Die Menschen flohen in Scharen, zuvor versuchten allerdings viele, ihre Habseligkeiten vor den Angreifern zu verstecken. Haushaltsgegenstände, aber auch kleine und große Vermögen wurden in Brunnen versenkt oder der Erde anvertraut. Zu den zahlreichen „Hortfunden", die der Nachwelt von Überfällen und Fluchten ohne Wiederkehr erzählen, gehört ein in Osterburken entdeckter Münzschatz. Mehr als 300 Denare hatte sein Besitzer um 230/240 n. Chr. in der Erde des damaligen Grenzortes vergraben. Möglicherweise fand er auf der Flucht den Tod, jedenfalls hatte er keine Gelegenheit mehr, sein Vermögen aus dem Versteck zu bergen. Erst 1992 wurde sein Schatz „gehoben". Das Gebiet um das ehemalige römische Kastell Osterburken gehört für die Archäologen zu den ergiebigsten provinzialrömischen Fundorten im Südwesten.

Die Sache mit den Alamannen

Nach dem Abzug der römischen Truppen ließen sich allmählich germanische Stämme in Obergermanien und Raetien nieder. Der Raum, in dem sie siedelten, wird in den römischen Quellen nunmehr „Alamannia" genannt. Aber wer waren die Alamannen, die viele Historiker heute mit „a" schreiben? Und was hat es mit denjenigen auf sich, die als Alemannen (mit „e") durch die Literatur geistern?

Die „Alamanni" (mit „a") tauchen erstmals im 3. Jahrhundert n. Chr. in Schriftquellen auf. Bezeichnet werden damit die Angehörigen germanischer Stämme, die den Limes überrannten und sich im Südwesten Deutschlands und den angrenzenden Gebieten niederließen. Der Historiker Agathias (um 536–582) wusste über diese Leute zu berichten: *Die Alamannen sind … zusammengelaufene und gemischte Männer, und das drückt auch ihre Benennung aus.*

Die Alamannen als „zusammengelaufener Haufen", womöglich im Sinne von „räuberischem Gesindel": Das passte ins Weltbild der Römer, die dem nicht zu überwindenden Gegner so zumindest verbal eins auswischen konnten. Und doch war „Alamanni" sehr wahrscheinlich eine Selbstbezeichnung der betroffenen Germanen. Schließlich kann man den Begriff „alle Mannen" durchaus auch positiv interpretieren: als die vom germanischen Halbgott Mannus abstammenden Leute, als die Gesamtheit der Menschen, als „echte Männer". Vermutlich bezog sich der Name zunächst ohnehin nicht auf eine Volksgruppe, sondern auf eine Kriegergemeinschaft.

Nach dem 8. Jahrhundert versanken die Alamannen allmählich in Vergessenheit. Wiederbelebt wurden sie (jetzt in der „e"-Variante) erst zu Beginn des 19. Jahrhunderts, als der badische Kirchenmann und Schriftsteller Johann Peter Hebel für die *Freunde ländlicher Natur und Sitten* seine „Alemannischen Gedichte" veröffentlichte. Was man seither unter „alemannisch" versteht, hat mit den Alamannen der Spätantike und des frühen Mittelalters nicht viel gemein – sieht man einmal davon ab, dass das Siedlungsgebiet der Alamannen weitgehend mit dem Raum übereinstimmt, in dem noch heute die „alemannische Mundart" gepflegt wird. Urheberrechte an der berühmten „alemannisch-schwäbischen Fasnet", die an den Tagen zwischen Dreikönig und Aschermittwoch Mittel- und Südbaden Kopf stehen lässt, haben die Alamannen übrigens nicht. Die Fastnacht entstand neueren Forschungen zufolge erst im Hochmittelalter, als von den Alamannen keine Rede mehr war.

Staatliche Strukturen, wie sie die Römer hatten, waren den Alamannen fremd. Die Gesellschaft in der Alamannia war von personellen Beziehungen geprägt. Römische Historiker erzählen von zahlreichen Kleinkönigen, die überschaubare Gebiete kontrollierten. Das Verhältnis zu den Römern blieb gespannt, schon weil die Alamannen auch nach der Verlegung des Limes an Rhein und Donau immer wieder Raubzüge in römisches Gebiet unternahmen. Trotzdem herrschte kein permanenter Kriegszustand. Handelsbeziehungen über den Rhein hinweg waren nicht ungewöhnlich. Aber man lebte in unsicheren Zeiten. Und so wussten die Alamannen leicht zu verteidigende Höhenstationen wie den Zähringer Burgberg bei Freiburg zu schätzen.

Fränkische Eroberer

Nachdem die Römer als Machtfaktor in Mitteleuropa ausgespielt hatten, versuchten die Alamannen in Richtung Norden zu expandieren. Dabei stießen sie mit den Franken zusammen, deren Aufstieg in Nordgallien und am Niederrhein begonnen hatte und die jetzt ihre Fühler in Richtung Süden ausstreckten. Das Königreich der Franken unter der Herrschaft der Merowinger sollte nördlich der Alpen die Nachfolge des Römischen Imperiums antreten.

Alamannen und Franken prallten der historischen Überlieferung zufolge 496/497 bei der Schlacht von Zülpich am Niederrhein aufeinander. Die Franken trugen den Sieg davon und die Merowinger übernahmen die Macht im späteren Nordbaden. Der fränkische Eroberer, König Chlodwig, der geschworen haben soll, bei einem Sieg über die Alamannen zum christlichen Glauben überzutreten, ließ sich 498/99 in Reims öffentlichkeitswirksam taufen.

Die vollständige Besetzung unseres Raumes durch die Franken verhinderte zunächst noch der Gotenkönig Theoderich, dessen Gebiete im Süden an Alamannien anschlossen. Um 538 wurde aber auch das heutige Südbaden Teil des Merowingerreiches. Gleichwohl bildete sich zwischen Franken und Alamannen eine Siedlungsgrenze heraus, die von der Oos bei Baden-Baden in Richtung Asperg verlief und sich bis heute an der Mundartgrenze zwischen alemannischem und fränkischem Dialekt „erhören" lässt. Anstelle der Kleinkönige, die die Alamannia bis dahin beherrscht hatten, tauchten jetzt Herzöge als wichtige Pfeiler fränkischer Herrschaft an der Spitze des Volkes auf.

Das Christentum breitet sich aus

Seit der Taufe König Chlodwigs setzte sich der christliche Glaube bei den Franken langsam, aber unaufhaltsam durch. Durch ihre fränkischen Herren wurde den Alamannen das Christentum nahegebracht. Wandernde Mönche sorgten dafür, dass auch einfache Leute mit christlichem Gedankengut in Kontakt kamen. Allerdings pflegte das Volk noch lange heidnische Traditionen und kombinierte sie mit Elementen des christlichen Glaubens. Vor allem die Klöster sorgten für eine dauerhafte Verwurzelung des Christentums.

Um 600 wurde das Bistum Konstanz gegründet. Es gilt als Stammesbistum der Alamannen und hatte bis 1821 Bestand. Doch gehörte nur der Süden Badens zu der flächenmäßig größten Diözese des Reiches. Die späteren badischen „Kernlande" wurden von den Diözesen Straßburg beziehungsweise Speyer betreut, die nördlichen Zipfel des späteren Badens fielen in die Zuständigkeit der Bischöfe von Mainz und Würzburg. Bischöfe und Reichsklöster wurden zu wichtigen Stützen der Königsherrschaft.

Die Reichenau: Glaube und Politik

724 kam der iro-fränkische Wanderbischof Pirmin auf die bis dahin unbewohnte Bodenseeinsel Reichenau. Das Kloster, das er dort gründete, gehörte vom ausgehenden 8. bis zur Mitte des 11. Jahrhunderts zu den wichtigsten in Deutschland; seine Äbte waren bedeutende Faktoren in der Reichspolitik. Auch als Zentrum von Kunst und Wissenschaft stand das Kloster in hohem Ansehen, seine Bibliothek gehörte zu den größten in Europa. Der Glanz des

Patronin der Klosterinsel im Bodensee ist Maria, die Muttergottes. Links hinter ihr sieht man Witigowo, den 25. Abt der Reichenau, rechts ist der Klostergründer Pirmin dargestellt. – Widmungsbild der „Gesta Witigowonis" des Purchard von Reichenau. Badische Landesbibliothek.

Klosters verblasste indes seit dem 12. Jahrhundert rapide; mehr und mehr verkam es zur Versorgungsanstalt für nachgeborene Söhne aus Adelsfamilien. Als die Insel Reichenau nach fast 1100-jähriger geistlicher Herrschaft 1802 an den badischen Staat fiel, lebten dort nur noch ein paar Mönche in loser Gemeinschaft. Die Reichenau, auf der ein einzigartiges Ensemble mittelalterlicher Kirchenarchitektur erhalten blieb, gehört seit 2000 zum UNESCO-Welterbe.

Aus Alamannien wird Schwaben

Am fränkischen Königshof verschoben sich im 7. und frühen 8. Jahrhundert die Machtverhältnisse. Den Alamannen bot die Krise der Merowinger-Dynastie eine Chance, wieder größere Eigenständigkeit zu gewinnen. Der Aufstieg der karolingischen Hausmeier setzte ihren Autonomie-Bestrebungen jedoch ein jähes Ende: Karlmann, ein Sohn Karl Martells, schlug den letzten großen Aufstand der Alamannen nieder. Mit seinem „Blutgericht von Cannstatt" ging 746 das Herzogtum Alamannien unter. Fränkische Adelige wurden als Grafen eingesetzt, um Teile des Landes im Sinne des Königs zu verwalten. Auch an die jetzt in größerer Zahl entstehenden Klöster vergaben die Könige Herrschaftsrechte und Güter.

Mit Karl dem Großen erreichte die fränkische Macht ihren Gipfelpunkt, im Jahr 800 wurde er als erster mittelalterlicher Herrscher des Abendlands vom Papst zum römischen Kaiser gekrönt. Doch nach dem Tod des großen Karl kam es zu Konflikten in seinem riesigen Reich, das zudem durch äußere Feinde bedroht war. Teilungen waren die Folge. Seit 870 gab es ein west- und ein ostfränkisches Reich.

Alamannien (das nunmehr meist Schwaben genannt wurde), Franken, Bayern und Sachsen, später auch Lothringen gehörten zum Ostfrankenreich. Dass es nicht zur Ruhe kam, lag zu einem guten Teil am Ehrgeiz adeliger Clans, die sich nicht nur gegenseitig bekämpften, sondern auch auf Kosten der Zentralgewalt ihre Macht zu erweitern suchten. Die führenden Familien waren bestrebt, wieder Stammesherzogtümer zu errichten, in denen sie selbstherrlich schalten und walten konnten. König

Heinrich I. (919–936), der wegen der Einfälle plündernder ungarischer Reitervölker unter Druck stand, sah sich gezwungen, den Herzögen weitreichende Zugeständnisse zu machen. Das Herzogtum Schwaben erlangte gegenüber dem König eine weitgehende Autonomie. Es reichte im 10. Jahrhundert im Norden etwa bis zur Ortenau, ragte im Westen über den Rhein, im Süden bis zum Gotthard und im Osten bis zum Lech. Die Grenzen änderten sich allerdings mehrfach, vor allem im Elsass und der Nordschweiz.

Verwirrende Begrifflichkeiten

Die Erkenntnis, dass Südbaden einst schwäbisch war, ist heute für viele Leute gewöhnungsbedürftig. Dabei sind aus historischer Sicht „alamannisch" und „schwäbisch" als Synonyme zu verstehen. Die Irritationen entstehen daraus, dass sich im 19. Jahrhundert der Sprachgebrauch änderte. Die „Schwaben" werden seither weitgehend mit den „Württembergern" gleichgesetzt, wobei man hierzulande die Existenz der bayerischen Schwaben zwischen Iller und Lech oft schlichtweg ignoriert. Für die Südbadener setzte sich hingegen die Bezeichnung „alamannisch" durch, mit der Johann Peter Hebel seine Landsleute gegen die fränkischen Badener nördlich von Rastatt abgrenzte. Andere Länder, anderer Sprachgebrauch: Wenn im Elsass oder in der Schweiz von „den Schwaben" geredet wird, ist damit in der Regel die Gesamtheit der Deutschen gemeint. Die „Alamannen" wiederum haben sich im romanischen Sprachraum behauptet – gleichfalls als Sammelbegriff für alle Deutschen („les Allemands".)

Die Markgrafschaft Baden

Zähringer und Badener

Im Herzogtum Schwaben findet man die ersten Spuren jener Adelsfamilie, die unter dem Namen „Baden" Geschichte machen sollte. Die Badener hatten gemeinsame Vorfahren mit den Zähringern, die zu den vornehmsten Geschlechtern ihrer Zeit gehörten. Ihr ursprüngliches Machtzentrum lag zwischen Neckar und Schwäbischer Alb, von dort aus fassten sie im Breisgau Fuß. Mit den Staufern und den Welfen rangen die Zähringer um die Vorherrschaft in Schwaben. In dem mörderischen Kampf trugen schließlich die Staufer den Sieg davon. Sie stellten im 12. und 13. Jahrhundert die deutschen Könige.

Das Herzogtum Kärnten und die Mark Verona

Der gemeinsame Ahn von Zähringern und Badenern war Berthold mit dem Bart (1024–1078). Er wird in der Literatur üblicherweise Berthold I. von Zähringen genannt, obwohl die Burg oberhalb des Dorfes Zähringen unweit von Freiburg, nach der sich seine Nachkommen benannten, zu seinen Lebzeiten noch gar nicht existierte. Dieser Berthold, der mehrere Grafschaftsrechte auf sich vereinigte, war ein mächtiger Mann – und er konnte darauf hoffen, noch mächtiger zu werden. Kaiser Heinrich III. aus dem fränkischen Geschlecht der Salier hatte ihm nämlich das Herzogtum Schwaben versprochen. Doch der Kaiser starb, und seine Witwe Agnes, die Regentin, übertrug Schwaben an einen anderen Kandidaten, Rudolf von Rheinfelden. Immerhin fand man für den schwer gedemütigten Berthold eine Entschädigung: Ihm wurde 1061 das Herzogtum Kärnten zugesprochen. Damit verbunden war auch die Mark Verona.

Berthold I. hat Kärnten möglicherweise nie betreten und es auch schon bald wieder verloren – doch die damit verbundenen Titel kamen ihm sehr gelegen. Er vererbte sie an seine Söhne weiter: Berthold II., der die namengebende Burg Zähringen erbaute, übernahm den Herzogstitel, Hermann I. den Titel der Markgrafen von Verona. Er ist der Stammvater des Hauses Baden.

Auf ihre Ansprüche auf das Herzogtum Schwaben verzichteten die Zähringer zugunsten der Staufer. Dabei gelang es den Zähringern allerdings, ihre Besitzungen aus dem Zuständigkeitsbereich des schwäbischen Herzogs zu lösen. Am Oberrhein, im Südschwarzwald und in der nördlichen Schweiz bauten sie einen einzigartigen Herrschaftsbereich auf, dessen Territorium für damalige Verhältnisse ungewöhnlich geschlossen war. Zeitweilig erstreckte sich ihr Einfluss auch aufs Burgund. Stadtgründungen wie Freiburg im Breisgau, Villingen, Offenburg und Bern gehen auf die Zähringer zurück. Ebenso spielten Klostervogteien, also die weltliche Vertretung von Klöstern, in ihrer Territorialpolitik eine wichtige Rolle. In dem von Berthold II. gegründeten Kloster St. Peter im Schwarzwald richteten die Zähringer ihre Grablege ein.

Der Stammvater der Badener

Dem Markgrafen Hermann I. von Verona war von seinem Vater offenbar die Burg Limburg am Nordrand der Schwäbischen Alb als Wohnsitz zugewiesen worden. Er spielte vermutlich in den dynastischen Plänen Herzog Bertholds I. eine bedeutende Rolle, doch machte Hermann seiner Familie einen Strich durch die Rechnung. In jungen Jahren zog er sich 1073 aus der Welt zurück, um als Mönch in Cluny ein Leben in Armut zu führen. Schon ein knappes Jahr nach seinem Eintritt ins Kloster starb Markgraf Hermann. Dass der fromme Mann Frau und Sohn im Stich ließ, um im Burgund nach Selbstheiligung zu streben, haben ihm weder seine Zeitgenossen noch seine Nachfahren verübelt. Im Gegenteil: Ein vornehmer Herr, der ins berühmteste Kloster des Abendlands eintrat, um sein Leben Gott zu weihen, galt als würdiger Stammvater eines aufstrebenden Adelshauses.

Bescheidener Stammsitz eines mächtigen Geschlechts: Reste der Zähringer Burg bei Freiburg.

Die wiederentdeckte Verwandtschaft

Die Hauptlinie der mächtigen Zähringer-Familie starb bereits 1218 im Mannesstamm aus. Der Familienbesitz wurde an die Schwestern des letzten Zähringer-Herzogs Berthold V. verteilt, die Reichslehen zog der Staufer-König Friedrich II. ein. Der badische Familienzweig profitierte vom Erbe kaum. Vielleicht lässt sich daraus erklären, dass bei den Markgrafen von Baden die Erinnerung an ihre vornehme Verwandtschaft rasch verblasste und schließlich ganz verloren ging. Erst als im 18. Jahrhundert Markgraf Karl Friedrich von Baden die Geschichte seines Hauses wissenschaftlich untersuchen ließ, wurde der Beweis erbracht: Der Straßburger Historiker Johann Daniel Schöpflin zeigte in seiner „Historia Zaringo-Badensis" auf, dass die ersten Markgrafen von Baden „Zähringer" waren. Für Karl Friedrich, der 1806 zum ersten badischen Großherzog aufstieg, war diese Erkenntnis ungeheuer wertvoll, ließ sich doch so eine historische Kontinuität herstellen, mit der man die Vereinnahmung des Breisgau und der Ortenau moralisch legitimieren konnte. Die Großherzöge von Baden schmückten sich fortan zusätzlich mit dem Titel der „Herzöge von Zähringen".

Burg Hohenbaden

Hermann II. († zw. 1125/30) war noch ein Kind, als sein Vater der Welt entsagte. Es dürfte ihm nicht leicht gefallen sein, seine Erbansprüche gegen die Zähringer Verwandtschaft durchzusetzen. Immerhin wurde Markgraf Hermann II. 1098 in einen staufisch-zähringischen Ausgleich einbezogen, den sein Onkel Berthold II. mit dem Kaiser aushandelte. Damals ist wohl die Vogtei über die bedeutende linksrheinische Abtei Selz an Hermann gelangt (seine Familie hat sie allerdings knapp hundert Jahre später wieder verloren). Der Markgraf erhielt außerdem Besitz beim alten Römerort Aquae Aureliae, den wir als Baden-Baden kennen. Oberhalb dieses prestigeträchtigen Ortes ließ Hermann eine Burg erbauen, nach der sich sein Geschlecht künftig benannte: Hohenbaden. In einer Urkunde aus dem Jahr 1112 wird Hermann II. erstmals als *marchio de Baduon*, als „Markgraf von Baden", bezeichnet.

1112 darf damit als Geburtsjahr der Markgrafschaft Baden gelten. Mit einem Staat nach unserem Verständnis hatte das Gebilde aus weit verstreuten Einzelbesitzungen allerdings nichts gemein. Außerdem war es noch keineswegs ausgemacht, dass sich das badische Territorium künftig vom nördlichen Schwarzwald aus entwickeln würde. Schließlich hatte Hermann auch (bescheidene) Besitztümer im Breisgau, vor allem aber am Nordrand der Schwäbischen Alb und am mittleren Neckar um Backnang, das durch Heirat an sein Haus gefallen war. Die frühen Markgrafen maßen Backnang eine große Bedeutung bei: Sie gründeten dort das Augustinerchorherren-Stift, das ihnen bis in die Mitte des 13. Jahrhunderts als Grablege diente.

Als der Adel hoch hinaus wollte

Im 11./12. Jahrhundert kam der Bau von Burgen in spektakulärer, schwer zugänglicher Höhenlage in Mode. Die Adelsfamilien schätzten diese architektonischen Zeugnisse ihrer Macht so sehr, dass sie ihre Geschlechter nach ihnen benannten. Die bis dahin übliche Einnamigkeit gehörte der Vergangenheit an. Prominente Beispiele von Familien, die sich nach ihren Stammburgen im südwestdeutschen Raum benannten, sind neben den Badenern und Zähringern die Staufer, die Württemberger und die Hohenzollern. Die Habsburger, die ihren Aufstieg zum mächtigsten Adelsgeschlecht Europas am Oberrhein starteten, hatten ihre Stammburg im Aargau (Schweiz).

In der Burg Hohenbaden, dem „Alten Schloss" auf einem Felsgrat des Battert hoch über Baden-Baden, hatten die Markgrafen von Baden bis ins 15. Jahrhundert ihren Sitz, dann zogen sie ins tiefer gelegene „Neue Schloss" um. Offiziell heißt die zur Burg gehörende Stadt übrigens erst seit 1931 Baden-Baden, zuvor wurde sie einfach als „Baden" oder – um Verwechslungen mit gleichnamigen Städten zu verhindern – als „Baden in Baden" bezeichnet.

An der Seite der Staufer

Die Entwicklung von mittelalterlichen Adelsherrschaften zu Territorien kann man mit einem Puzzlespiel vergleichen. Vornehme Familien wie die Markgrafen von Baden waren bestrebt, ihren Besitz auf friedliche, wenn nötig aber auch auf kriegerische Weise zu mehren. Zugleich galt es, Verluste und Erbteilungen möglichst zu verhindern. Der Besitz setzte sich aus Eigengut der Familie, aus königlichen und kirchlichen Lehen, aus Pfandbesitz, aus Amtsrechten und Vogteien zusammen. Ob die Puzzleteilchen ineinandergriffen und sich allmählich ein großes, zusammenhängendes Territorium abzeichnete, hing vom Geschick des jeweiligen Spielers ab. Ein häufig genutzter Weg zum Erfolg war es, Besitz und Rechte zu erheiraten; ein anderer führte über mächtige Freunde.

Die Markgrafen von Baden machten von beiden Möglichkeiten regen Gebrauch. Zunächst profilierten sie sich als Parteigänger der Staufer. Ob die Könige nach Italien zogen oder zu einem Kreuzzug aufbrachen – stets befand sich ein Badener in ihrer Nähe. Friedrich Barbarossa belohnte diese „Treue", indem er den Badenern den unweit von Backnang gelegenen Hof Besigheim übertrug. Hermann III. († nach 1164) war mit einer Stauferin verheiratet, sein Sohn Markgraf Hermann IV. gehörte zum kaiserlichen Gefolge, als Barbarossa sich 1189 aufmachte, Jerusalem zu erobern. Den Tod des rotbärtigen Kaisers bei einem Bad im Fluss Saleph in Kleinasien überlebte der Badener nur um wenige Tage: Er erlag 1190 in Antiochien der Pest, die im Kreuzfahrerheer wütete.

Das Erbe der Pfalz: Baden geht leer aus

Auch Markgraf Hermann V. († 1242), der Sohn des Kreuzfahrers, setzte voll und ganz auf die Nähe zu den Staufern. Trotzdem musste er eine herbe Enttäuschung einstecken, als es um das Erbe der Pfalz ging. Da der verstorbene Pfalzgraf Heinrich keine männlichen Nachkommen hatte, machten seine Töchter beziehungsweise deren Ehemänner Ansprüche geltend: Die eine, Irmengard, war mit Markgraf Hermann V. von Baden verheiratet, ihre Schwester Agnes war die Gemahlin Ottos von Wittelsbach. Der junge Staufer-König Friedrich II., der zwischen zwei seiner Anhänger entscheiden musste, sprach die Pfalzgrafschaft dem Wittelsbacher zu. Der Badener wurde anderweitig entschädigt. Friedrich II. übertrug dem Markgrafen 1219 Durlach als freies Eigen, gab ihm Ettlingen zu Lehen und verpfändete ihm Lauffen, Sinsheim und Eppingen.

Markgraf Hermann V. spielte eine Schlüsselrolle in der staufischen Politik. Er war einer der Vormunde von Friedrichs II. Sohn Heinrich. Während sich der Kaiser vorwiegend in Sizilien aufhielt, blieb dieser Heinrich (VII.) als König nördlich der Alpen zurück. Doch Heinrich kochte sein eigenes Süppchen und versuchte, im mittleren Neckarraum die staufische Machtposition auszubauen. Dabei geriet er zwangsläufig mit seinem früheren Vormund Hermann von Baden aneinander, der in diesem Gebiet ebenfalls territoriale Interessen verfolgte. Als sich Heinrich gegen seinen Vater erhob, stand Hermann klar auf Seiten des Kaisers. In den darauf folgenden kriegerischen Auseinandersetzungen wurde unter anderem die Stiftskirche in Backnang, die Grablege der Badener, in Schutt und Asche gelegt.

Neuer Schwerpunkt in der Territorialpolitik

König Heinrich wurde geschlagen – er starb nach einigen Jahren Gefangenschaft in Apulien. Warum die Badener trotzdem den Schwerpunkt ihrer Territorialpolitik in den nördlichen Schwarzwald und an den Oberrhein verlagerten, ist nicht ganz klar. Sichtbar wurde diese Umorientierung nicht zuletzt in der Aufgabe von Backnang. Als Hermann V. 1242 starb, stiftete seine Witwe Irmengard das Zisterzienserinnenkloster Lichtenthal unweit von Baden-Baden. Während der nächsten 150 Jahre wurden die Angehörigen des Hauses Baden in der dortigen Fürstenkapelle bestattet.

Staufergründungen und das badische Stuttgart

Durlach, Ettlingen, Sinsheim, Eppingen und Lauffen: Die Städte, die 1219 an Hermann V. von Baden übergingen, waren Staufergründungen. Bis auf Durlach und Ettlingen gingen sie den Markgrafen allerdings wieder verloren. Gegründet wurden mittelalterliche Städte üblicherweise nicht in unberührter Landschaft, sondern dort, wo bereits Siedlungen bestanden, oder wo es eine Burg, ein Kloster oder eine wichtige Straße gab. Auch das aus dem Erbe der staufischen Pfalzgrafen stammende Pforzheim, das zur Aussteuer der Markgräfin Irmengard gehörte, war bereits Stadt, als es die Badener erhielten.
Als badische Gründungen gelten unter anderem Baden-Baden, Steinbach, Besigheim, Backnang und Stuttgart. Auf Dauer badisch

blieben allerdings nur Baden-Baden und Steinbach, die anderen Städte fielen nach dem Rückzug der Markgrafen aus dem mittleren Neckarraum an die Württemberger. Dass Stuttgart sich einst in badischem Besitz befand, ist ein wenig bekanntes Kuriosum der Geschichte. Das ehemalige Gestüt fiel um die Mitte des 13. Jahrhunderts an Graf Ulrich I. von Württemberg, der mit Mechthild von Baden, einer Tochter Hermanns V., verheiratet war.

Das Ende der Herzogtums Schwaben

Nach dem Tod Kaiser Friedrichs II. gerieten die Staufer in die Defensive. Der Letzte ihres Geschlechts, Konradin, wurde 1268 in Neapel hingerichtet. Mit ihm starb sein Freund Friedrich von Baden, ein Sohn Hermanns VI. und seiner Gemahlin Gertrud von Österreich. Und mit der staufischen Dynastie ging das Herzogtum Schwaben unter.

Viele der kleineren Machthaber gierten nach den ehemals staufischen Gütern. Der Gegensatz von Königsherrschaft und territorialen Gewalten offenbarte sich jetzt in seiner ganzen Schärfe. Besonders erfolgreich verstanden es in dieser Situation die Grafen von Württemberg, ihren Machtbereich auszubauen (1495 wurde die Grafschaft auf dem Reichstag zu Worms zum Herzogtum erhoben). Ein wichtiger Machtfaktor am Oberrhein wurden die Habsburger. Als „Vorderösterreich" oder einfach „Vorlande" wird ihr Herrschaftsgebiet bezeichnet, das sich einem Flickenteppich gleich von Tirol über Vorarlberg, Oberschwaben, den Hochrhein und den Schwarzwald bis ins Elsass zog. Aus ihren Stammlanden in der Nordschweiz wurden die Habsburger von den Eidgenossen verdrängt.

Für die badischen Markgrafen begann eine schwierige Zeit der Selbstbehauptung, vor allem, als der 1218 auf der Burg Limburg bei Sasbach am Kaiserstuhl geborene und 1273 zum König gewählte Habsburger Rudolf alles daran setzte, die verlorenen Rechte des Reiches zurückzuerobern. In seinen Fokus geriet auch Markgraf Rudolf I. von Baden († 1288), der als Vogt über das Kloster und als Herr über die Stadt Selz die Rheinschifffahrt kontrollierte und sich dabei die Feindschaft von Straßburg und Speyer zugezogen hatte. Der Habsburger soll noch im Jahr der Königswahl in badisches Gebiet eingedrungen sein und Mühlburg, Durlach sowie Grötzingen zerstört haben. Auf lange Sicht suchten die badischen Markgrafen jedoch die Nähe der Habsburger.

Flecken im Süden: Hachberg, Sausenberg und Rötteln

Dem Bestreben der großen Adelsfamilien, möglichst viel Besitz anzuhäufen und ein geschlossenes Herrschaftsgebiet zu schaffen, liefen Erbteilungen zuwider. Schon zur Zeit Hermanns V. war es im badischen Haus zu einer Abspaltung gekommen: Sein jüngerer Bruder Heinrich († 1231) begründete im Breisgau eine eigene Herrschaft, deren Angehörige Titel und Wappen wie die Hauptlinie trugen, sich nach der Hochburg bei Emmendingen aber als „Markgrafen von Hachberg" bezeichneten und im Zisterzienserkloster Tennenbach ihre Grablege hatten. Die Nebenlinie verzweigte sich weiter in die Äste Hachberg und Sausenberg/Rötteln.

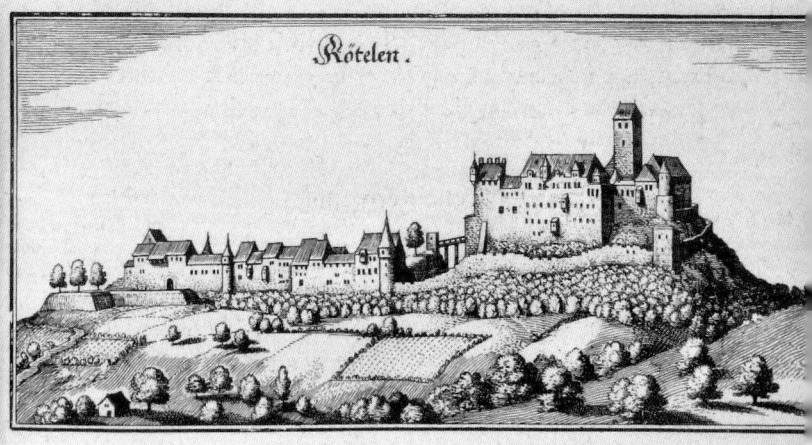

Durch eine Heirat fiel die aus dem 11. Jahrhundert stammende Burg Rötteln an die Markgrafen von Hachberg-Sausenberg. – Kupferstich von Matthäus Merian, 1644.

42

Um die Mitte des 14. Jahrhunderts gerieten die Markgrafen von Hachberg aufgrund ihrer Expansionsbemühungen in massive finanzielle Bedrängnis. Zu Beginn des 15. Jahrhunderts sah sich Markgraf Otto II. von Hachberg († 1418) gezwungen, die Herrschaften Hachberg und Höhingen an Markgraf Bernhard I. von Baden zu verkaufen.

Länger „selbstständig" blieben die Markgrafen von Hachberg-Sausenberg (benannt war ihre vom Blauen bis zum Dinkelberg reichende Herrschaft nach der Sausenburg bei Kandern). Sie brachten 1311 auch die Herrschaft Rötteln im vorderen Wiesen- und Kandertal an sich. Der Besitz dieser Nebenlinie im Südbadischen glich zunächst einem Flickerl-Teppich, wuchs jedoch bis Mitte des 15. Jahrhunderts zu einem einigermaßen geschlossenen Kleinterritorium heran. Als Geburtstag des „Markgräflerlandes" (diese Bezeichnung existiert allerdings erst seit dem 19. Jahrhundert) gilt der 8. September 1444: Damals vermachte Graf Johann von Freiburg, der Letzte seines Geschlechts, den Markgrafen die Herrschaft Badenweiler. Die mächtige, nördlich von Lörrach gelegene Burg Rötteln, die auch als Ruine höchst eindrucksvoll wirkt, wurde zum Verwaltungsmittelpunkt des Markgräflerlandes; Residenz nahmen die Markgrafen von Sausenberg allerdings im weniger provinziellen Basel. Als Markgraf Philipp 1503 starb, ohne Söhne zu hinterlassen, fiel aufgrund eines Erbvertrages das Markgräflerland zurück an die badische Hauptlinie.

Das badische Kernland

Die Erwerbungen und Verluste der badischen Markgrafen im Territorialpoker detailliert zu schildern, würde den Umfang einer „kleinen Geschichte" sprengen. Grob gesagt bildete sich als badisches Kernland ein Territorium heraus, das im Wesentlichen auf dem Gebiet der heutigen Städte Karlsruhe, Pforzheim und Baden-Baden, der Landkreise Karlsruhe und Rastatt sowie in Teilen des Enzkreises lag.

Dass sich die badische Hauptlinie beim Ausbau ihres Territoriums nunmehr auf den Raum zwischen Neckar, Rhein und

Nordschwarzwald konzentrierte, machte sich auch in ihrer Heiratspolitik bemerkbar. So vermählte sich Markgraf Rudolf I. († 1288) mit Kunigunde von Eberstein. Die Grafen von Eberstein waren eine bedeutende Familie, deren Namen mit der Erschließung und Besiedelung des Nordschwarzwaldes – besonders des Murgtals – eng verbunden ist. Bereits 1283 gelang es Rudolf von Baden, die Burg Alteberstein bei Baden-Baden mit dem Gebiet um Rastatt, Kuppenheim und Rotenfels an sich zu bringen. In den folgenden Jahrhunderten ging der größte Teil des ebersteinischen Besitzes an die Badener über. Als die Ebersteiner 1660 im Mannesstamm ausstarben, war der Glanz des einst mächtigen Geschlechts längst verblasst.

Der Teilbesitz an den Herrschaften Lahr und Mahlberg, den die Markgrafen im 15. Jahrhundert erwarben, war als Brücke zu den hachbergischen Besitztümern von Bedeutung. Außerdem gab es links des Rheins einige badische Außenposten wie die Rechte der Markgrafen an der Grafschaft Sponheim, die sie bis ins 18. Jahrhundert behaupteten, oder die luxemburgischen Herrschaften Rodemachern und Hespringen, mit denen Markgraf Christoph I. († 1527) belehnt wurde. In der Hauptlinie kam es verschiedentlich zu Erbteilungen, die bis in die frühe Neuzeit hinein jedoch meist nicht von langer Dauer waren.

Der Heidelberger Vertrag: Eine Vorsichtsmaßnahme

Trotzdem saß den Markgrafen die Angst vor einer Zersplitterung im Nacken. So wurde 1380 unter Bernhard I. († 1431) im „Heidelberger Vertrag" für die badische Hauptlinie festgelegt, dass das Herrschaftsgebiet nur unter geistig und körperlich gesunden Söhnen und in nicht mehr als zwei Teile geteilt werden dürfe. Starb eine Linie im Mannesstamm aus, sollte das Erbe jeweils an die andere Linie zurückfallen. Der Verkauf von markgräflichen Schlössern, Städten und Leuten wurde verboten. Das Gebot, nicht mehr als in zwei Hälften zu teilen, haben die Markgrafen in der Folgezeit freilich mehrfach umgangen.

Bernhard selbst, der in Pforzheim residierte, teilte sich die Markgrafschaft mit seinem Bruder Rudolf VII. († 1391), der in

Baden-Baden saß. Da dieser ohne erbberechtigte Nachkommen starb, kam seine Landeshälfte an Bernhard zurück. Markgraf Bernhard I. gilt als eigentlicher Begründer der badischen Markgrafschaft. Zum einen, weil er erhebliche Gebiete hinzugewann, zum anderen, weil er den inneren Landesausbau vorantrieb und die Verwaltung modernisierte. Wie seine Untertanen ihn beurteilten, weiß man nicht. Man kann aber vermuten, dass sie in ständiger Angst vor Plünderung und Brandschatzung lebten, denn der Landesherr war fortwährend in Kriege verwickelt.

Der schwarze Tod, Erdbeben und andere Krisen

Es waren nicht nur die vielen Kriege, die im Spätmittelalter für eine tiefe Verunsicherung der Menschen sorgten. Eine Geißel dieser Zeit war die um 1300 einsetzende Klimaverschlechterung, die in Mitteleuropa zu einem Absinken der Durchschnittstemperatur um zwei Grad Celsius führte. Missernten, Teuerung und schwere Hungersnöte waren die Folge. Als dann auch noch die große Pest ausbrach, veröderten innerhalb kurzer Zeit ganze Landstriche. *Im Jahr 1349 war das größte Sterben, das je gewesen, es ging von einem Ende der Welt bis zum anderen …*, heißt es in der Straßburger Chronik. Die Pest, die von etwa 1347 bis 1353 wütete, kostete etwa ein Drittel der Bevölkerung Europas das Leben. In den folgenden Jahrhunderten brach die Seuche immer wieder aus, betraf dann aber nur begrenzte Gebiete.

Heilende Wasser gegen die Pest

In der Trinkhalle der Kurstadt Baden-Baden sind 14 Gemälde von Jakob Götzenberger (1802–1866) zu sehen, auf denen Sagen aus der Region dargestellt sind. In einer davon geht es um einen Pestausbruch im 15. Jahrhundert in Baden-Baden. Die Markgräfin Katharina, eine geborene Prinzessin von Österreich, soll sich mit ihren Kindern auf dem Turm der Burg Hohenbaden verschanzt und den Beistand der Gottesmutter erfleht haben. Darauf erschien eine lichte Gestalt, die die Markgräfin aufforderte, das Wasser aus den Baden-Badener Heilquellen durch die Straßen der Stadt zu leiten.

Katharina befolgte den Rat, und das bis zu 69 Grad heiße Thermalwasser besiegte der Sage zufolge mit seinen Dämpfen die Seuche. Zwei ihrer Kinder weihte die Markgräfin zum Dank dem geistlichen Stand: Die Tochter wurde Äbtissin von Kloster Lichtenthal, der Sohn Bischof von Utrecht.

Es war nicht allein die Erfahrung des Massensterbens, das den spätmittelalterlichen Menschen zu schaffen machte, sondern auch die Sorge um ihr Seelenheil. Quälender als die Gewissheit des Todes war die Angst, plötzlich und ohne Sterbesakramente die Welt verlassen zu müssen. Die existenzielle Verunsicherung findet in bildlichen Darstellungen von Totentänzen ihren Ausdruck: Wie immer das Opfer sich rechtfertigen mag, der Tod holt es mitten aus dem Leben zu seinem Tanz. Da die Ursachen der Pest nicht bekannt waren, wurden Tausende Juden als vermeintliche Brunnenvergifter umgebracht. In den Städten Konstanz, Basel und Straßburg kam es bereits zu Pogromen, noch ehe der Schwarze Tod dort auftrat.

Neben Hungersnöten und Pest drückten Naturkatastrophen wie schwere Rheinhochwasser dem 14. Jahrhundert ihren Stempel auf. 1356 wurde das Oberrheingebiet zudem von einem verheerenden Erdbeben heimgesucht. Basel wurde zerstört, es soll in der Stadt mindestens 300 Tote gegeben haben. In der Umgebung barsten der Überlieferung zufolge mehr als 60 Burgen. Schwere Schäden trug etwa die Burg Rötteln bei Lörrach davon. Man nimmt an, dass das Beben von 1356 eine Stärke von 6,5 auf der Richterskala hatte. Es war das bis heute Schwerste im Oberrheingebiet, blieb aber nicht das Einzige im krisengeschüttelten 14. Jahrhundert. Der Raum Basel war mehrfach betroffen.

Neue Spiritualität und Wallfahrten

Auch das Große Schisma von 1378 verunsicherte die Menschen zutiefst: Zwei, später sogar drei Päpste erhoben den Anspruch, legitimes Oberhaupt der katholischen Kirche zu sein. Die Kirchenspaltung sollte beim Konzil von Konstanz (1414–1418) überwunden werden. Über 300 Kardinäle und Bischöfe kamen in die Reichsstadt am Bodensee. Durch den Rückzug der rivalisierenden Päpste und die Wahl Martins V. wurde das Schisma 1417 schließlich beendet. Nicht verstummen wollten allerdings die Rufe nach innerkirchlichen Reformen – durch die Hinrichtung des böhmischen Reformators Jan Hus war in Konstanz vielmehr ein Märtyrer geschaffen worden.

Neue Formen des religiösen Gemeinschaftslebens und der Spiritualität breiteten sich aus. Großen Zulauf fanden die Bettelorden, insbesondere die Franziskaner und die Dominikaner. Dass sie nach dem Vorbild der Apostel in Armut lebten, brachte ihnen die Sympathie der einfachen Leute ein, die den Lebenswandel des Klerus oft mit fassungslosem Staunen verfolgten.

Eine kaum zu überschätzende Bedeutung bekamen Pilgerreisen und Wallfahrten. Die wichtigsten Ziele *des großen Laufens*, wie zeitgenössische Quellen das Phänomen nannten, blieben Jerusalem, Rom und das spanische Santiago de Compostela. Doch im Spätmittelalter nahm die Zahl der Pilgerorte deutlich zu. Sehr beliebt waren Marienwallfahrtsorte wie Lautenbach im Renchtal oder Maria Bickesheim (in Durmersheim). Eine hohe Wertschätzung genossen bei den Gläubigen am Oberrhein auch Wallfahrtsorte wie Einsiedeln in der Schweiz oder der Odilienberg im Elsass.

Landespatron: Der selige Bernhard

In der badischen Markgrafenfamilie gab es einen Mann, den seine Angehörigen wie einen Heiligen verehrten: Bernhard II. (1428–1458) war Diplomat im Dienste der Habsburger. Nach dem Willen seines Vaters Jakob I. († 1453) sollte sich Bernhard eigentlich mit seinen Brüdern die Herrschaft über die badischen Gebiete teilen. Doch als das byzantinische Reich von den Türken eingenommen wurde, verzichtete Bernhard zunächst für zehn Jahre auf die Regierung. Das wurde später als Zeichen seiner Demut gedeutet. Bernhard hat sich offenbar ganz dem Kampf gegen die Osmanen verschrieben. Er reiste als Kreuzzugsprediger nach Italien. Möglicherweise wollte der noch nicht 30-Jährige nach Jerusalem pilgern – aber er kam nicht weit: In Moncalieri bei Turin starb Bernhard an der Pest.

An dem Grab des ritterlichen Glaubenskämpfers sollen sich alsbald Wunder ereignet haben. Für den katholischen Teil Badens wurde der 1769 selig gesprochene Markgraf zum Landespatron. Anfang 2011 leitete das Erzbistum Freiburg das Heiligsprechungsverfahren ein.

Die Wallfahrtskirche Maria Bickesheim in Durmersheim wurde Jahrhunderte lang von den badischen Markgrafen gefördert. Der selige Bernhard von Baden mischte sich oft als Pilger unter das betende Volk.

Innovationen und Rückschläge

Dass der „Herbst des Mittelalters" trotz aller Krisen auch eine Zeit der Innovationen war, zeigt die Wertschätzung, die man der Wissenschaft entgegenbrachte. Kurfürst Ruprecht von der Pfalz gründete 1386 die Universität Heidelberg. 71 Jahre später rief der Habsburger Albrecht VI. in den österreichischen Vorlanden die Universität Freiburg ins Leben. Auch die badischen Markgrafen Jakob I. (1407–1453) und Karl I. (1427–1475) liebäugelten mit der Errichtung einer eigenen Universität in Pforzheim. Doch das ehrgeizige Unternehmen scheiterte an den politischen Verstrickungen der kommenden Jahre.

Die Schlacht von Seckenheim

Markgraf Jakob I. setzte – anders als sein kriegerischer Vater Bernhard I. – auf friedliche Methoden bei der Herrschaftskonsolidierung und hatte damit beachtlichen Erfolg. Sein Sohn Karl I. war mit Katharina von Österreich, einer Schwester Kaiser Friedrichs III., verheiratet. Die Nähe zu den mächtigen Habsburgern verstrickte die Markgrafen freilich in manche Händel. Vor allem Kurfürst Friedrich der Siegreiche von der Pfalz beäugte die ambitionierten Badener mit Misstrauen. 1462 kam es zum Zusammenstoß. Bei der Schlacht von Seckenheim am 30. Juni mussten Markgraf Karl und der mit ihm verbündete Graf Ulrich von Württemberg eine schwere Niederlage hinnehmen. Sie wurden nach Heidelberg gebracht und ein Jahr in Kerkerhaft gehalten, bis sie sich bereit fanden, das enorme Lösegeld zu zahlen, das „der Siegreiche" forderte. Die Badener wurden dadurch in der Substanz getroffen.

Geteiltes Land: Baden-Baden und Baden-Durlach

Karls Sohn Christoph I. (1453–1527) gelang es, die verwüstete und verschuldete Markgrafschaft wieder zu stabilisieren. Während der 40-jährigen Regierungszeit Christophs begann der

Christoph I. von Baden beim Gebet: Unter den Söhnen des Markgrafen kam es zu der bis 1771 währenden Teilung Badens. – Ausschnitt aus der Votivtafel von Hans Baldung genannt Grien, um 1509/10. Kunsthalle Karlsruhe.

Ausbau des Neuen Schlosses in Baden-Baden zur Hauptresidenz, das Markgräflerland fiel an die badische Hauptlinie zurück und der Ausbau staatlicher Strukturen machte große Fortschritte. Es schien, als ob Baden sich im territorial zersplitterten Südwesten zu einem Machtfaktor von herausragender Bedeutung entwickeln könnte. Aber Christoph hatte die Rechnung ohne seine Söhne gemacht.

Als Haupterben hatte Christoph I. einen seiner jüngeren Söhne, Philipp I. (1479–1533), ausgewählt. Bernhard III. (1474–1536) sollte, obwohl er älter war, mit den linksrheinischen Besitzungen der Markgrafen abgespeist werden. Ein weiterer Sohn namens Ernst (1482–1553) war eigentlich für die geistliche Laufbahn vorgesehen, doch im Jahr 1510 vermählte er sich sehr zum Ärger seines Vaters mit Elisabeth von Brandenburg-Ansbach. Als Gemahl einer Fürstentochter verlangte Ernst, mit weltlichen Gütern versorgt zu werden. Für ihn wurde schließlich die „obere Markgrafschaft" mit Hachberg, Sausenberg, Rötteln, Badenweiler und Üsenberg sowie der Vogtei über das Kloster Sulzburg bestimmt.

1515 stimmte Christoph I. der Dreiteilung zu, kurze Zeit später ließen seine Söhne den kranken Vater auf der alten Burg Hohenbaden einsperren, wo er 1527 starb. Nur sechs Jahre später starb der Haupterbe, Philipp I., ohne Söhne zu hinterlassen. Seine Brüder, die Markgrafen Bernhard III. und Ernst, handelten daraufhin eine neue Teilung der badischen Gebiete aus. Zerschnitten wurde nunmehr auch das Kerngebiet der „unteren Markgrafschaft" entlang der Alb. Bernhard erhielt zusätzlich zu seinen linksrheinischen Gütern die Gebiete um Baden-Baden bis zur Alb, außerdem die badischen Anteile an den Herrschaften Lahr und Mahlberg, einige dem Haus Geroldseck, einem in der Ortenau ansässigen Adelsgeschlecht, abgekaufte Orte sowie die Vogteien über die Klöster Lichtenthal, Frauenalb, Herrenalb, Klosterreichenbach und Schwarzach. Ernst regierte weiter in seinen südbadischen Besitzungen und bekam außerdem den nördlich der Alb gelegenen Teil des Kerngebiets mit Durlach samt den Vogteien über die Klöster Gottesau und Pforzheim.

Die Ernestinische und die Bernhardinische Linie

Diese seltsame, 1535 vollzogene Teilung sollte fast 250 Jahre Bestand haben. Denn der bis dahin unverheiratete Markgraf Bernhard vermählte sich im hohen Alter noch mit Franziska von Luxemburg. Er zeugte zwei Söhne, Philibert und Christoph II., die er als seine Erben einsetzte. Der Markgraf wurde damit Stammvater der Bernhardinischen Linie, die auch die Baden-Badener Linie genannt wird. Die Ernestinische Linie, die sein Bruder begründete, wird meist als „Baden-Durlach" bezeichnet, da Ernsts Sohn, Karl II. (1529–1577), seine Residenz von Pforzheim nach Durlach verlegte.

Für die territoriale Entwicklung Badens bedeutete die Teilung der Markgrafschaft einen schweren Rückschlag. Auch politisch und wirtschaftlich entwickelten sich die Markgrafschaften auseinander. Um das Verhängnis komplett zu machen, verlief zwischen beiden Territorien bald auch eine konfessionelle Grenze. Die verwandten Fürstenhäuser begegneten sich zunächst mit Misstrauen, später mit offener Feindschaft.

Humanismus am Oberrhein

Die badische Teilung fand in einer Zeit des Umbruchs statt. Der Humanismus, der sich auf die antiken Wissenschaften besann und auf die Vervollkommnung des Menschen durch Bildung abzielte, wuchs zu einer mächtigen geistigen Strömung heran. Die Bewegung gedieh insbesondere in großen Städten. Solche Metropolen gab es in den badischen Markgrafschaften nicht, doch von humanistischen Zentren wie Basel und Freiburg, Straßburg und Heidelberg strahlten die neuen Ideen in die benachbarten Territorien hinein.

Einer der wichtigsten deutschen Humanisten stammte aus Baden: Johannes Reuchlin (1455–1522) wurde in Pforzheim geboren. Sein Anliegen war es, durch das Studium der lateinischen, griechischen und hebräischen Sprache religiöse und philosophische Urtexte wieder zu erschließen. Dass sich Reuchlin intensiv für den Erhalt jüdischer Schriften einsetzte, brachte ihm zu seinen Lebzeiten den Vorwurf der Ketzerei ein – heute wird er als Vorbild religiöser Toleranz gerühmt. Zwar wirkte Reuchlin vorwiegend außerhalb Badens – vor allem in Württemberg –, doch trug er zeitlebens den Beinamen „Phorcensis", „der Pforzheimer".

Die Pforzheimer Lateinschule besuchte auch ein junger Verwandter Reuchlins, der neben Martin Luther zur treibenden

Kraft der Reformation in Deutschland werden sollte: Philipp Melanchthon (1497–1560). Er wurde 1497 im damals pfälzischen Bretten geboren, studierte in Heidelberg und Tübingen und wurde Professor in Wittenberg. Als enger Freund Luthers vertrat Melanchthon auf dem Reichstag zu Augsburg 1530 die Sache der Reformation und erarbeitete die „Augsburger Konfession", das grundlegende Bekenntnis der lutherischen Reichsstände zu ihrem Glauben.

Die Bauern ziehen in den Krieg

Es gärte im gemeinen Volk. Die Bauern klagten über Teuerungen, steigende Abgabelasten, verschärfte Frondienste und Missstände im Gerichtswesen. Zu Beginn des 16. Jahrhunderts gab es in der Nachbarschaft Badens immer wieder kleinere Erhebungen. Einer der bedeutendsten Agitatoren war Joß Fritz, ein Leibeigener aus dem damals speyerischen Untergrombach (heute ein Stadtteil von Bruchsal). Von zwei missglückten Aktionen ließ er sich nicht entmutigen. Durch ein großflächig geknüpftes Netz wollte er dem Bauernaufstand zum Erfolg verhelfen. Unterstützt von wanderndem Volk, von Bettlern, Spielleuten und entlassenen Soldaten, knüpfte er in über 100 Dörfern und einigen Städten geheime Kontakte. Als 1517 in Rötteln der markgräfliche Vogt zwei Verschwörer festnahm und Geständnisse erpresste, flog der Plan auf. Joß Fritz konnte untertauchen. Zu Beginn des Bauernkrieges im Jahr 1525 trat er als alter Mann nochmals in Erscheinung.

Unter der Fahne des Bundschuhs forderten die Aufständischen die Verminderung von Abgaben und Diensten, die Abschaffung der Leibeigenschaft und sogar die Beseitigung der territorialen Fürstentümer. Durch die sich ausbreitenden Ideen der Reformation fühlten sich die Bauern in ihren Ansichten bestärkt; ihren Forderungskatalog, die „Zwölf Artikel", hatten sie biblisch untermauert. Dass Luther den Bauernkrieg als Aufruhr *räuberischer und mörderischer Rotten* gegen die von Gott eingesetzte Obrigkeit verurteilte, enttäuschte sie tief. Wieder begann es mit lokalen Aktionen. Doch diesmal breiteten sich die Aufstände übers ganze Land aus, hunderte von Burgen und Klöstern wurden gestürmt, geplündert und zerstört.

Die Züge der Bauern richteten sich nicht nur gegen ihre jeweiligen Herren: Grenzübergreifende Angriffe versprachen umso mehr Erfolg, als die Vielzahl der Herrschaftsgebiete im Südwesten es der Obrigkeit schwer machte, die Aufständischen zu packen. So waren Markgräfler Bauern dabei, als die Johanniterniederlassung in Heitersheim geplündert wurde. Markgräfler und Hachberger belagerten im Verbund mit Bauern aus der Ortenau und dem Breisgau die vorderösterreichische Stadt Freiburg, die schließlich kapitulierte.

Die Fürsten warfen die Aufstände mit äußerster Brutalität nieder und forderten blutige Vergeltung. 75000 Bauern sollen bei dem Versuch, eine gerechtere Ordnung zu schaffen, ums Leben gekommen sein. Vergleichsweise mild war trotz der massiven Zerstörungen in ihren Ländern die Reaktion der badischen Markgrafen Philipp und Ernst, die sich zu kleineren Zugeständnissen bereitfanden, um die Aufstände zu beenden.

Unruhen in der ländlichen Bevölkerung sollte es in den nächsten Jahrhunderten immer wieder geben. Meist waren Missernten und ähnliche Notlagen die Ursache, zum Teil ging es aber auch um Freiheitsrechte. Besonderes Aufsehen erregten im 18. Jahrhundert die Salpeterer-Aufstände im Hauensteiner Gebiet. Die Bauern im Hotzenwald zwischen Feldberg und Hochrhein, für die das Salpetersieden und -handeln eine wichtige Einnahmequelle war, pochten auf alte Rechte und setzten sich wiederholt gegen die Herrschaftsansprüche des Klosters St. Blasien und der österreichischen Landesherren zur Wehr. Der letzte Salpeterer-Aufstand wurde 1755 durch österreichisches Militär niedergeschlagen. Einige der Anführer wurden hingerichtet, andere deportiert: 122 Hauensteiner wurden nach Siebenbürgern zwangsumgesiedelt.

Für oder wider Luther

Als der Augustiner-Eremit Martin Luther 1518 bei der Frühjahrsversammlung seines Ordens im kurpfälzischen Heidelberg seine im Jahr zuvor veröffentlichten Thesen zur Diskussion stellte, fand er begeisterte Anhänger. Einige von ihnen machten es sich zur Aufgabe, Luthers Lehren im Südwesten zu verbreiten. Allerdings sollte es viele Jahrzehnte dauern, bis aus konfessioneller Sicht klare Verhältnisse herrschten. Und dem einzelnen Christen blieb es ohnehin verwehrt, sich selbst für die neue oder die alte Lehre zu entscheiden: Dem „Augsburger Religionsfrieden" von 1555 zufolge bestimmte der Landesherr über das Bekenntnis seiner Untertanen. Und Landesherren gab es im deutschen Südwesten mit seinen rund 300 herrschaftlichen Territorien wahrlich genug.

Vorderösterreich sowie die Hochstifte der oberrheinischen Bistümer blieben Bollwerke des alten Glaubens. Dagegen stellten sich viele ritterliche Adelige wie die Herren von Gemmingen im Kraichgau früh auf die Seite der „Protestanten". Auch die Grafen von Wertheim gehörten zu den Vorreitern des Luthertums. Von besonderer Bedeutung war es jedoch, dass Herzog Ulrich 1534 in Württemberg die Reformation einführte und dem neuen Bekenntnis im Südwesten damit ein ernst zu nehmendes politisches Gewicht verlieh.

Die badischen Gebiete hingegen befanden sich zunächst in einer Art konfessionellem Schwebezustand. Hier konnte anfangs recht ungehindert auf lutherische Weise gepredigt werden, auch Priesterehen wurden toleriert. Sympathien für das lutherische Gedankengut gab es unter den Markgrafen beider Linien, sie vermieden jedoch – vermutlich aus politischer Vorsicht –, sich eindeutig festzulegen. Im baden-badischen Landesteil nahm Bayern massiv zugunsten des katholischen Glaubens Einfluss. Herzogin Jakobäa von Bayern, eine geborene Prinzessin von Baden, sorgte dafür, dass Markgraf Bernhards III. Söhne Philibert (1536–1569) und Christoph II. (1537–1575) sowie später sein Enkel Philipp II. (1559–1588) ganz im alten Glauben erzogen wurden.

Erst im Gefolge des Augsburger Religionsfriedens legten sich die badischen Markgrafen fest: In Baden-Durlach führte Karl II. die Reformation ein, Baden-Baden blieb (abgesehen von einigen Zwischenspielen) katholisch. Nunmehr waren die beiden Linien auch im Glauben getrennt, was sich wiederum auf die Bündnispolitik der beiden Kleinterritorien auswirkte. Baden-Baden orientierte sich an Habsburg und Bayern, während sich Baden-Durlach verstärkt an das lutherische Württemberg anlehnte.

In der Kurpfalz hatte sich 1546 unter Ottheinrich ebenfalls das Luthertum durchgesetzt, doch der Nachfolger des kinderlosen Kurfürsten, Friedrich III. (1515–1576), schwenkte auf das calvinistische Bekenntnis um und machte die Pfalz damit zum „reformierten" Land. Der Konflikt zwischen Lutheranern und Reformierten, die sich vor allem in der Abendmahlslehre unterscheiden, wog im konfessionellen Zeitalter kaum weniger schwer als der zwischen Protestanten und Katholiken.

Drei Brüder, drei Konfessionen: Die Söhne Karls II.

Karl II. von Baden-Durlach hatte den Augsburger Religionsfrieden abgewartet, ehe er sich 1556 öffentlich zum lutherischen Glauben bekannte. Dieser Markgraf, der 1565 die Residenz von Pforzheim nach Durlach verlegte und im Volksmund auch „Karle mit der Tasch'" genannt wird, hatte drei Söhne: Ernst Friedrich, Jakob III. und Georg Friedrich. Nach Karls Tod wurde die Teilmarkgrafschaft Baden-Durlach unter ihnen aufgeteilt. Das drohte gravierende Folgen zu haben, denn die drei lutherisch erzogenen Brüder entwickelten sehr unterschiedliche religiöse Vorstellungen. Jakob III. (1562–1590), der Hachberg erhalten hatte, trat 1590 zum katholischen Glauben über. Langfristig blieb das ohne Folgen, weil der 28-Jährige noch im selben Jahr starb – katholische Kreise vermuteten einen Giftmord. Auf Verlangen seines Bruders Ernst Friedrich (1560–1604) wurde der Konvertit evangelisch zu Grabe getragen. Aber auch Ernst Friedrich, der als Ältester im Kernland regierte, wandte sich 1599 vom Luthertum ab und bekannte sich mit seinem „Stafforter Buch" (benannt nach dem Druckort Schloss Staffort) zum Calvinismus. Als er seinen Untertanen den reformierten Glauben aufzwingen wollte, stieß er jedoch auf Widerstand. Vor allem in Pforzheim kam es zu Tumulten, als lutherische Pfarrer durch reformierte Geistliche ersetzt werden sollten. Ernst Friedrich war entschlossen, seine Untertanen gewaltsam zu bekehren – doch sein plötzlicher Tod im Alter von 44 Jahren verhinderte dies. Da der dritte Bruder, der Lutheraner Georg Friedrich (1573–1638), dem ursprünglich Rötteln und Sausenberg mit der Residenz Sulzburg zugedacht waren, nunmehr ganz Baden-Durlach unter sich vereinte, unterblieb der Konfessionswechsel.

Verfeindete Vettern: Die Oberbadische Okkupation

In der Markgrafschaft Baden-Baden hatte Markgraf Philipp II. (1559–1588), der an der Jesuitenuniversität Ingolstadt erzogen worden war, eine systematische Rekatholisierung betrieben und versucht, die in seinem Land bestehenden Sympathien für die evangelische Sache ein für allemal auszumerzen. Als er ohne Söhne zu hinterlassen starb, hätte theoretisch die Chance einer Wiedervereinigung mit Baden-Durlach bestanden. Dies hintertrieb jedoch Bayern aus religiösen Gründen. Nachfolger Philipps wurde Eduard Fortunat (1565–1600) aus der baden-badischen Seitenlinie Rodemachern.

Schon der prachtliebende Philipp II. hatte einen Berg von Schulden hinterlassen, doch unter Eduard Fortunat geriet Baden-Baden an den Rand des Bankrotts. Diese Situation nutzten die Vettern von Baden-Durlach, um das bernhardinische Kerngebiet militärisch zu besetzen. Da der Übergriff zwangsläufig zum Konflikt mit dem Kaiser führen musste, hatte Markgraf Ernst Friedrich die „Oberbadische Okkupation", die von 1594 bis 1622 aufrechterhalten wurde, diplomatisch abgesichert: Vor allem die Kurpfalz und Württemberg stärkten ihm den Rücken. Eduard Fortunat soll vergebens versucht haben, sich Ernst Friedrichs durch Mordanschläge und Zauberei zu entledigen.

Eduard Fortunat war zwar verheiratet, doch seine Ehefrau Marie van Eicken galt nicht als ebenbürtig. Dies nutzten die Durlacher Vettern, um nach dem Tod Eduard Fortunats seinem Sohn Wilhelm das Nachfolgerecht abzusprechen und Baden-Baden besetzt zu halten. Zwar erkannte der Reichshofrat 1606 die Erbfähigkeit Wilhelms (1593–1677) an, doch die Durlacher Verwandtschaft blieb stur. So standen die badischen Vettern in verfeindeten Lagern, als 1618 der Dreißigjährige Krieg ausbrach.

Hunger, Verwüstung und Tod: Der Dreißigjährige Krieg

Markgraf Georg Friedrich von Baden-Durlach (1573–1638) trat als Parteigänger Friedrichs V. von der Pfalz, des böhmischen Winterkönigs, in den Krieg ein. Ziel des Durlachers war es zum einen, der evangelischen Union im Reich zum Sieg zu verhelfen, zum anderen aber auch, den Baden-Badener Besitz auf Dauer zu vereinnahmen. In der Schlacht bei Wimpfen unterlagen die Kurpfalz und Baden-Durlach jedoch am 6. Mai 1622 der bayerisch-habsburgischen Übermacht. Für Georg Friedrich, der als General der Union die Verantwortung trug, markierte die Schlacht, die 3000 bis 4000 Menschenleben kostete, eine persönliche Katastrophe: Er dankte zugunsten seines Sohnes Friedrich V. (1594–1659) ab. Während Baden-Durlach von den Truppen der katholischen Liga geplündert wurde, konnte in Baden-Baden nunmehr Markgraf Wilhelm nach Gutdünken schalten und walten.

In den 30 Kriegsjahren wendete sich das Blatt mehrfach. Das Eingreifen des schwedischen Königs Gustav Adolf nährte die Hoffnung Baden-Durlachs, doch noch fette Beute zu machen. Die Schweden wollten den lutherischen Badenern zu einem Herrschaftsgebiet verhelfen, das sich zwischen Rhein und Schwarzwald von Philippsburg bis Säckingen erstrecken sollte. Doch als Schweden 1634 in der Schlacht von Nördlingen vom kaiserlichen Herr vernichtend geschlagen wurde, platzte der Großmachtstraum – und Friedrich V. verlor überdies sein Kernland an den verhassten Vetter Wilhelm von Baden-Baden, der sogleich die Rekatholisierung einleitete. Die Hochburg bei Emmendingen wurde 1636 zerstört. Die Besitzungen im Süden vereinnahmten die Habsburger.

Den Menschen im Südwesten dürfte es ziemlich egal gewesen sein, wer militärisch gerade die Nase vorn hatte. Sie waren Opfer in dem Kampf, den sich Österreich, Schweden und Frankreich um die europäische Vorherrschaft lieferten. Sieger und Besiegte plünderten die Bevölkerung gleichermaßen aus. Gräueltaten der Söldnertruppen waren an der Tagesordnung; Dörfer und Städte wurden niedergebrannt; Seuchen und Hungersnöte brachen aus. Im hart umkämpften Breisach soll es zu Fällen von Kannibalismus gekommen sein. Die Bevölkerungsverluste am Oberrhein werden auf mehr als die Hälfte geschätzt, in manchen Gebieten wie Hachberg schrumpfte die Bevölkerung sogar auf ein Viertel der Vorkriegszeit.

Und wofür das ganze Leid? Als 1648 der Westfälische Frieden ausgehandelt wurde, wurden Neuregelungen der Reichsverfassung beschlossen. Was die badischen Territorien anging, wurde an die Zustände von 1535 angeknüpft, also an die Anfangszeit der Spaltung in die ernestinische und die bernhardinische Linie. Die Oberbadische Okkupation war damit endgültig aufgehoben: Weiterhin gab es zwei badische Markgrafschaften unterschiedlicher Konfession, die einander misstrauisch beäugten. Die Kurpfalz musste Gebietsverluste hinnehmen, errang aber ihre Eigenständigkeit zurück. Die österreichischen Besitzungen im Elsass fielen an Frankreich. Damit waren neue Konflikte programmiert. Das Land am Oberrhein sollte nicht zur Ruhe kommen.

... wieder brennt das Land: Die Kriege des Sonnenkönigs

Ein Vierteljahrhundert des Friedens war viel zu kurz, um die Wunden zu schließen, die der Dreißigjährige Krieg gerissen hatte. Und der Kampf zwischen Frankreich und Österreich um die Vorherrschaft in Europa war mit dem Westfälischen Frieden

Schlacht bei Sasbach (1675): Das 17. Jahrhundert war eine Zeit der Kriege und Krisen. – Holzschnitt aus Johann Hofmann, Martialischer Schau-Platz. Nürnberg, 1690.

keineswegs beendet. Das Elsass wurde in der Regierungszeit des französischen „Sonnenkönigs" Ludwig XIV. zum Ausgangspunkt einer aggressiven Expansionspolitik. Wieder und wieder wurde der Oberrhein Kriegsschauplatz: im Holländischen Krieg (1672–1678), im Pfälzischen Erbfolgekrieg (1688–1697) und im Spanischen Erfolgekrieg (1701–1714).

Als 1674 der Reichskrieg gegen Frankreich erklärt wurde, standen dem Kaiser wegen der Türkenkriege nur wenig Soldaten an der Westgrenze zur Verfügung. Die Situation am Oberrhein war umso gefährlicher, als Frankreich mit der ehemals vorderösterreichischen Stadt Breisach und dem Besatzungsrecht im früher speyerischen Philippsburg Brückenköpfe auf der rechten Flussseite besaß. 1677 ging Freiburg für 20 Jahre an Frankreich verloren. 1678 wurde außerdem Kehl von französischen Truppen erobert und zur Festung ausgebaut, 1681 die Reichsstadt Straßburg besetzt.

Marschall Turenne: Ein Denkmal für den „Mordbrenner"

Den französischen Marschall Henri de la Tour, Vicomte de Turenne, hatten die Menschen auf der rechten Rheinseite noch aus dem Dreißigjährigen Krieg in böser Erinnerung. Nun kehrte er im Auftrag Ludwigs XIV. zurück: Von Philippsburg aus verwüstete der Graf im Jahr 1674 die Kurpfalz. Ein Jahr später starb Turenne im Kampf gegen die Reichstruppen bei Sasbach in der Ortenau. Am Ort seines Todes ließ 1781 Kardinal Rohan, der Erzbischof von Straßburg, zu dessen weltlichen Besitz Sasbach gehörte, ein Denkmal errichten. Es sollte an die Leistungen eines Feldherrn erinnern, der in Frankreich noch heute vielen als „der große Turenne" gilt, während er in Deutschland lange Zeit als „Mordbrenner" und Inbegriff des „Erbfeindes" geschmäht wurde. Das französische Denkmal auf deutschem Boden wurde mehrfach zerstört und wieder errichtet (zuletzt 1945). Heute zeigt das Turenne-Museum in Sasbach anhand dieses Denkmals den wechselhaften Verlauf der deutsch-französischen Beziehungen während der vergangenen 300 Jahre auf.

Der Appetit des Sonnenkönigs war noch lange nicht gestillt. Dass der pfälzische Kurfürst Karl II. kinderlos starb, bot einen willkommenen Vorwand: König Ludwig XIV. machte Erbansprüche für seinen jüngeren Bruder geltend, der mit des Kurfürsten Schwester Elisabeth Charlotte, besser bekannt als Liselotte von der Pfalz, verheiratet war. 1688 überfielen französische Truppen die Kurpfalz und ihre Nachbarterritorien. Die französische Taktik der „verbrannten Erde", die darauf abzielte, die Lebensgrundlagen der Gegner zu zerstören, brachte furchtbares Leid über das Land.

1689 wüteten die französischen Truppen in Heidelberg und Mannheim. Im Kraichgau hinterließen sie eine Spur der Verwüstung, ohne dabei Unterschiede zu machen zwischen pfälzischen Orten wie Bretten und Heidelsheim oder dem bischöflichspeyerischen Bruchsal. Da es den Franzosen um die Entkräftung des gesamten Vorfeldes ging, musste selbst Wertheim daran glauben. In Baden-Durlach brannten unter anderem die Städte Pforzheim und Durlach, aber auch die katholische Markgrafschaft blieb nicht verschont: Ettlingen, Kuppenheim, Steinbach, Bühl und Stollhofen, schließlich Baden-Baden wurden zerstört. Das straßburgische Oberkirch sowie die Reichsstädte Gengenbach und Offenburg fielen der Vernichtungsstrategie zum Opfer. Alles in allem sollen mehr als 1000 Städte und Dörfer in Schutt und Asche gesunken sein.

Heidelberg: Vom großen Brand zur Hochburg der Romantik

In der kurpfälzischen Residenzstadt Heidelberg vollendeten die Truppen Ezéchiel de Mélacs 1693 das Zerstörungswerk und machten das, was 1689 erhalten geblieben war, dem Erdboden gleich. Das Schloss, in dem bis zum Dreißigjährigen Krieg einer der glanzvollsten deutschen Höfe residiert hatte, ging in Flammen auf. Es wurde nie wieder völlig aufgebaut. Anfang des 19. Jahrhunderts erlebte es jedoch eine zweite Blüte als eine der bekanntesten Schlossruinen Europas: Die Stadt am Neckar wurde zur Hochburg der Romantik. Im badischen Landesteil erfreut Heidelberg die staatliche Schlösserverwaltung bis heute mit den höchsten Besucherzahlen. Eine Touristenattraktion ist darüber hinaus die „Schlossbeleuchtung", die an die Zerstörung im Pfälzischen Erbfolgekrieg erinnern soll: An mehreren

Als eine der schönsten und bekanntesten Ruinen Deutschlands erlebte das Heidelberger Schloss Anfang des 19. Jahrhunderts eine neue Blüte. – Gemälde von Carl Rottmann, 1815.

Terminen im Sommer lässt man nach Einbruch der Dunkelheit bengalische Feuer an den Mauern der Ruine flackern. Ergänzt wird die malerische Beleuchtung durch ein Brillant-Feuerwerk, das die Altstadt in ihrem schönsten Licht erscheinen lässt.

Ludwig Wilhelm von Baden-Baden: Der Türkenlouis

Der berühmteste Feldherr Badens war weit entfernt, als seine Heimat in Flammen aufging: Just im Jahr 1689 erhielt Markgraf Ludwig Wilhelm von Baden-Baden (1655–1707) als kaiserlicher General-Feldmarschall den Oberbefehl über die in Ungarn gegen die Türken kämpfende Armee. In der Schlacht von Slankamen 1691 gelang es dem „Türkenlouis", den Großwesir Mustafa Köprülü vernichtend zu schlagen, sodass die

Gefahr einer osmanischen Invasion Westeuropas über Jahre hinaus gebannt war. Trotzdem ist der Name Ludwig Wilhelms außerhalb Badens vergleichsweise wenig bekannt. Die Früchte seines Sieges erntete im Gedächtnis der Nachwelt sein Cousin, Prinz Eugen von Savoyen, der den badischen Markgrafen als Befehlshaber gegen die Türken ablöste. Ludwig Wilhelm fiel hingegen 1692 die undankbare Aufgabe zu, im Kampf gegen Frankreich am Oberrhein das Kommando zu führen.

Mitbringsel: Die Karlsruher Türkenbeute

Allein bei der Schlacht von Slankamen sollen dem Türkenlouis 154 Kanonen, 10 000 Zelte, 10 000 Büffel, 2000 Kamele, 54 Kisten mit Kupfermünzen sowie zahlreiche Fahnen und andere Heereszeichen zugefallen sein. Unter den Trophäen, die Markgraf Ludwig Wilhelm aus den Türkenkriegen mit nach Hause brachte, befanden sich aber auch Kunst- und Kulturobjekte. Sie bildeten den Grundstock der „Karlsruher Türkenbeute", zu der freilich andere badische Türkenstreiter ebenfalls beitrugen. Die Sammlung, die vom hohen Niveau des Kunstschaffens im Osmanischen Reich des 17. Jahrhunderts kündet, wird heute im Badischen Landesmuseum und als virtuelles Museum unter www.tuerkenbeute.de präsentiert.

Markgraf Ludwig Wilhelm gelang es zwar, den Durchbruch der Franzosen durch den Schwarzwald zu verhindern, doch viel Ruhm war an der Westfront nicht zu ernten. Nur mit schwachen Truppen ausgestattet, sah sich der Feldherr zu einer defensiven Taktik gezwungen, für die er viel Kritik und Spott einstecken musste.

Kaum war 1697 der Pfälzische Erbfolgekrieg beendet – er hatte den Franzosen nur vergleichsweise geringe Gewinne im Elsass eingebracht –, brach 1701 der Spanische Erbfolgekrieg aus, bei dem sich Bayern gegen Habsburg auf die Seite Frankreichs stellte. Wieder erhielt der Türkenlouis das Kommando am Oberrhein. Den Friedensschluss von Rastatt 1714 hat er nicht erlebt. 1707 starb Markgraf Ludwig Wihelm von Baden-Baden an den Folgen einer Kriegsverletzung – ein verbitterter und enttäuschter Mann, der sich vom Kaiser um den Lohn für seine Treue betrogen fühlte. Das eindrucksvolle Rastatter Schloss legt bis heute Zeugnis ab vom Selbstbild und vom Ehrgeiz dieses kleinen Landesherrn, dessen hochfliegende Pläne allesamt scheiterten.

Rastatt: Das badische Versailles

Für den kaiserlichen Feldherrn Ludwig Wilhelm war der Militärdienst Mittel zum Zweck: Der Markgraf von Baden-Baden strebte für sich und sein Haus nach einer Standeserhöhung. Herzog, Kurfürst, König von Polen wollte der Türkenlouis werden. Doch der Kaiser ließ ihn, der so viel für Habsburg und das Reich getan hatte, im Stich. In einem Brief klagte Ludwig Wilhelm 1699 darüber, dass alle Kurfürsten in den Kriegsjahren ihre Häuser vergrößert und sich bereichert hätten. Er hingegen habe sein Haus im Dienste der Kaiserlichen Majestät *ruiniert und destruiert, auch Land und Leut' abbrennen lassen ...*

Schloss Rastatt, ehemalige Residenz der Markgrafen von Baden-Baden.

Zumindest architektonisch wollte sich der Türkenlouis ein Denkmal setzen. Da das Schloss in Baden-Baden 1689 ausgebrannt war, ergriff Ludwig Wilhelm die Gelegenheit, in Rastatt eine neue Residenz nach dem Vorbild von Versailles errichten zu lassen. Die gewaltige Barockanlage, mit deren Bau 1697 begonnen wurde, sollte alle Merkmale des Absolutismus aufweisen. Aus den Steuern und Abgaben des verwüsteten Ländchens wäre der Prestige-Bau nicht zu finanzieren gewesen. Doch der Türkenlouis hatte eine reiche Gemahlin. Die Heirat mit Sibylla Augusta von Sachsen-Lauenburg (1675–1733) hatte Kaiser Leopold eingefädelt, der seinem Türkenkämpfer auf diesem Weg zumindest zu einer guten Partie verhelfen wollte.

Sibylla Augusta: Die Oberlandesregentin

Es soll Liebe im Spiel gewesen sein: Zwei Töchter des verstorbenen Herzogs von Sachsen-Lauenburg standen zur Auswahl. Bei der Brautschau in Schlackenwerth entschied sich der damals 34-jährige Markgraf Ludwig Wilhelm für die Jüngere, die 15-jährige Sibylla Augusta. Die beiden bekamen neun Kinder, von denen sechs im zarten Alter starben.

Der Türkenlouis hatte großes Vertrauen in die Fähigkeiten seiner Frau: Er bestimmte Sibylla Augusta testamentarisch zur Oberlandesregentin von Baden-Baden. Sibylla Augusta, die mit 32 Jahren Witwe wurde, machte den Mitvormündern ihrer Kinder sowie ihren Ministern und Beamten rasch klar, dass sie sich weder in die Erziehung des Erbprinzen noch in die Regierung des Landes hineinreden lassen würde. Als die Franzosen wenige Monate nach dem Tod des Türkenlouis Rastatt besetzten, begab sich die Markgräfin nicht etwa auf ihre böhmischen Güter, sondern floh nur bis Ettlingen, um auf diese Weise ihre Verbundenheit mit dem Land zu demonstrieren.

Ab 1710 ließ Sibylla Augusta Schloss Favorite bei Rastatt errichten. In ihrer Sommerresidenz sammelte die kunstsinnige Fürstin kostbare Fayencen, Glas und Porzellan. Auch beim Wiederaufbau der zerstörten Markgrafschaft setzte Sibylla Augusta großzügig ihr eigenes Vermögen ein. Kardinal Damian Hugo von Schönborn, der Fürstbischof von Speyer, rühmte die Klugheit der Markgräfin, aber ebenso ihre *männliche Festigkeit und Generosität*. 20 Jahre lang hielt Sibylla Augusta die Fäden in der Hand. Dann übergab sie die Regierung an ihren Sohn Ludwig Georg. Ihren Lebensabend verbrachte die fromme Katholikin in Ettlingen.

Karlsruhe: Eine Stadt wie ein Fächer

Dem evangelischen Markgrafen Karl Wilhelm (1679–1738) war es derweil in Durlach zu eng geworden: Eine großzügige Schlossanlage, wie moderne Landesherren sie schätzten, ließ sich dort nicht realisieren. Mittelalterliche Städte mit ihren Gassen und Mauern erlaubten weder architektonische noch stadtplanerische Höhenflüge. Im Hardtwald legte Karl Wilhelm 1715 den Grundstein für ein neues Schloss: Karlsruhe.

Das Schloss, das im Zentrum von 32 Radialwegen liegt, wurde im Süden durch eine Stadtanlage mit einem fächerförmigen Grundriss ergänzt. Er veranschaulicht wie kein anderer den absolutistischen Staatsgedanken: Alle Gewalt geht vom Fürsten aus und alle Wege führen zu ihm. Den Mittelpunkt der Karlsruher Stadtanlage bildet der Schlossturm: Von hier aus hatte der Herrscher – zumindest symbolisch – seine Untertanen unter Kontrolle. Vergleichsweise harmlos klingt die Gründungslegende: Danach wurde die Idee vom Karlsruher Fächer in einem Traum geboren, als der Markgraf sich, ermattet von der Jagd, im Hardtwald ein Nickerchen gönnte.

Der Grundriss Karlsruhes war spektakulär, der damit verbundene Anspruch orientierte sich am Sonnenkönigtum Ludwigs XIV. – und doch fiel das Schloss in seinem Zentrum eher bescheiden aus. Mit dem Palast der Baden-Badener Vettern konnte es sich nicht messen. Karl Wilhelm, der Duodezfürst in einem kriegszerstörten Ländchen, hat das selbst so begründet: „Ich bin ein kleiner Fürst. Ich habe ein Haus nach meinem Stand gebaut. Es ist mir lieber, man sagt von mir, ich sei schlecht logiert, hätte aber keine Schulden, als dass man sagt, ich bewohne ein superbes Schloss, hätte aber große Schulden."

Markgräfin Sibylla Augusta als Jägerin mit ihrem Sohn: 20 Jahre lang hielt die Witwe des Türkenlouis als Oberlandesregentin in der Markgrafschaft Baden-Baden die Fäden in der Hand. – Gemälde von Lutz Hecker, um 1700/10.

Reizvolle Angebote für Ansiedler

Die Durlacher Beamten zogen auf Befehl des Markgrafen nach Karlsruhe um. Doch ohne Handwerker, Kaufleute und andere Gewerbetreibende konnte eine neue Residenzstadt nicht funktionieren. Um Zuwanderer nach Karlsruhe zu locken, versprach Markgraf Karl Wilhelm bereits 1715 eine Reihe von Freiheiten und Vergünstigungen, die durchaus nicht selbstverständlich waren. So sagte er Ansiedlungswilligen unter anderem einen kostenlosen Bauplatz, die Freiheit von Leibeigenschaft sowie auf 20 Jahre die Befreiung von Abgaben und Zöllen zu. Bedingung für den Zuzug war allerdings, dass die Bewerber über ein gewisses Kapital verfügten und bereit waren, ein Haus nach Vorgaben des Markgrafen zu bauen. Über Ansiedlungsgesuche entschied Karl Wilhelm – ganz der Absolutist – persönlich. Als der Stadtgründer starb, hatte Karlsruhe rund 2600 Einwohner. Viele der Neubürger waren Württemberger, aber auch Elsässer und Schweizer ließen sich in der neuen Residenzstadt nieder.

Religiöse Toleranz – und ihre Grenzen

Das Angebot, sich in Karlsruhe niederzulassen, galt ausdrücklich nicht nur für Lutheraner, sondern auch für Reformierte und Katholiken. Für Juden war der Zuzug ebenfalls möglich, allerdings wurde bei ihnen die finanzielle Messlatte höher angesetzt als bei christlichen Neubürgern. Dass religiöse Toleranz und der Zuzug von Ausländern wirtschaftlich recht vorteilhaft sein können, war schon dem Vater des Stadtgründers, Markgraf Friedrich VII. Magnus (1647–1709), bewusst gewesen. Er hatte gezielt Hugenotten, französische Glaubensflüchtlinge, in Baden-Durlach angesiedelt. Die Dörfer Friedrichstal (heute Stutensee-Friedrichstal) und Welschneureut (heute ein Teil von Karlsruhe-Neureut) entstanden damals. Da unter den „welschen" Flüchtlingen viele hochspezialisierte Handwerker und Gewerbetreibende mit Handelskontakten in ganz Europa waren, profitierte das kriegszerstörte Baden-Durlach beträchtlich von den Migranten. Nicht zuletzt auf das importierte „Know how" ist es zurückzuführen, dass Baden-Durlach dem katholischen Baden-Baden in wirtschaftlicher Hinsicht den Rang ablief.

Hatte der Vater die lutherische Markgrafschaft vor allem für Calvinisten geöffnet, sollten in der neuen Residenzstadt des Sohnes nun auch Katholiken *in ihrem Handel und Wandel gefördert werden*. Karl Wilhelm plante anfangs, in Karlsruhe nicht nur eine lutherische Stadtkirche zu bauen, sondern den Reformierten und den Katholiken ebenfalls ein Kirchengebäude zuzugestehen. Die Reformierten erhielten das Pfarrrecht denn auch. Doch das geplante katholische Gotteshaus war Karl Wilhelms Ratgebern ein

Historischer Plan von Karlsruhe: Spektakulär war der Grundriss der 1715 gegründeten Residenzstadt. – Kupferstich des Hofgärtners Christian Thran, 1739.

Dorn im Auge. Schließlich unterstanden katholische Priester in kirchlichen Angelegenheiten ihrem Diözesanbischof – und der war damals eben sowohl kirchlicher Würdenträger wie weltlicher Herrscher und somit ein Konkurrent des Markgrafen. Die Warnungen, dass seine landesherrliche Souveränität durch die Duldung katholischer Pfarrer Schaden erleiden könnte, haben Karl

Wilhelm offenbar beeindruckt. In den Stadtprivilegien von 1722 schränkte der Markgraf die Rechte der Katholiken auf die *ruhige, stille Übung ihrer Religion* ein. Das hatte für die Angehörigen des alten Glaubens die schmerzliche Konsequenz, dass für Taufen, Eheschließungen sowie Bestattungen der lutherische Stadtpfarrer zuständig war. Eine eigene Kirche erhielten Karlsruhes Katholiken erst im Jahr 1804.

Markgraf Karl Wilhelm und die Tulpenmädchen

Unter uns geredet – ich fürchte, der Markgraf von Durlach ist ein Narr in folio geworden, lästerte Liselotte von der Pfalz. Die Herzogin von Orléans hatte von dem *ridicülen Serail* gehört, den sich Karl Wilhelm angeblich in seinem neuen Schloss hielt. König Friedrich Wilhelm I. von Preußen empörte sich darüber, dass sich der Badener „viele Huren" hielt. Wann immer an den klatschsüchtigen Höfen Europas die Rede auf das Karlsruher Schloss kam, schnellte die Zahl der angeblichen Liebesdienerinnen Karl Wilhelms in die Höhe. Was dahinter steckte? Die Gemahlin des Stadtgründers, Magdalene Wilhelmine, eine württembergische Prinzessin, war ihrem Mann nicht in seine neue Residenz gefolgt. Sie wohnte weiter in der Durlacher Karlsburg. Im Karlsruher Schloss fehlte es dem Markgrafen trotzdem nicht an weiblicher Gesellschaft. Für seine Unterhaltung sorgten rund 60 Sängerinnen und Schauspielerinnen, von denen etliche Kinder gebaren, deren Vater offiziell unbekannt war. Da die kleinen Bastarde auf die Namen Karl beziehungsweise Carlina getauft wurden und der Markgraf für ihren Unterhalt aufkam, darf man annehmen, dass die Frauen Karl Wilhelm nicht nur Kunstgenuss verschafft haben. Die Gespielinnen des Markgrafen gingen als „Tulpenmädchen" in den Legendenschatz der jungen Stadt Karlsruhe ein, weil sie angeblich auch die über alles geliebten Blumen des Markgrafen gezeichnet haben. Tatsächlich hat Karl Wilhelm eine Sammlung von Pflanzenaquarellen hinterlassen. Das Werk von Dilettantinnen waren die wertvollen Tulpenbücher jedoch nicht. Von den 20 Folio-Bänden mit mindestens 6000 Gemälden sind heute nur noch vier vorhanden; sie werden als Kulturschätze in der Badischen Landesbibliothek und im Badischen Generallandesarchiv gehütet.

Barocke Schlösser, Klöster, Kirchen

Mit den barocken Schlossanlagen in Rastatt und Karlsruhe lagen die badischen Markgrafen voll im Trend ihrer Zeit. Zahlreiche Landesherren in der Nachbarschaft beschäftigten sich zu Beginn des 18. Jahrhunderts mit ähnlichen Projekten. Karl Wilhelms württembergischer Schwager, Herzog Ludwig Eberhard, betätigte sich in Ludwigsburg als Schlossbauer und Stadtgründer. Kurfürst Karl Philipp von der Pfalz ließ in Mannheim einen gewaltigen Barockpalast errichten. Sein Erbe Karl Theodor baute Schloss Schwetzingen zu einer repräsentativen Sommerresidenz aus. In Donaueschingen legten die Fürsten von Fürstenberg den Grundstein für einen barocken Prachtbau.

Die geistlichen Fürsten wollten hinter den weltlichen Herren nicht zurückstehen. Damian Hugo von Schönborn, der Fürstbischof von Speyer, ließ sich ab 1720 in Bruchsal eine Residenz nach Versailler Vorbild errichten. Als Schönborn drei Jahre vor seinem Tod ein weiteres Amt übernahm – er wurde 1740 auch Fürstbischof von Konstanz –, trieb er den bereits unter seinem Vorgänger begonnenen Bau des Neuen Schlosses in Meersburg energisch voran.

Auch viele Klöster wie St. Peter im Schwarzwald oder Salem im Bodenseegebiet und sogar kleine Dorfkirchen wurden im barocken Stil aus- beziehungsweise umgebaut. Dabei gingen zahlreiche Zeugnisse romanischer und gotischer Kirchenbaukunst verloren. In Oberschwaben prägen die Kirchen mit den typischen Zwiebeltürmen bis heute die Landschaft. Die üppige Formensprache des Barock hatte aus katholischer Sicht geradezu propagandistische Qualitäten: Man setzte sich mit reich verzierten Kirchen gegen die nüchternen Protestanten ab, sprach die Sinne an und sonnte sich im Anschein kultureller Überlegenheit. Der Bauboom im katholischen Bereich setzte sich bis zum Ende des 18. Jahrhunderts fort, wobei der Stil sich in Richtung Rokoko und Klassizismus weiterentwickelte. Der berühmte, 1784 eingeweihte „Schwarzwälder Dom" des Klosters St. Blasien ist dem Pantheon in Rom nachempfunden.

Meersburg am Bodensee. – Stahlstich von Joseph Moosbrugger, um 1835.

Karl Friedrich: Deutschlands bester Fürst

Der Enkel und Nachfolger des Karlsruher Stadtgründers berei-
tete dem badischen „Musterländle" den Boden: Markgraf Karl
Friedrich (1728–1811). Mit dem späteren ersten Großherzog
von Baden trat, nachdem er 1746 vom Kaiser für volljährig erklärt worden war, ein Mann an die Spitze des Miniatur-Länd-
chens, der als markanter Vertreter des aufgeklärten Absolutismus unter beschränkten Möglichkeiten Vorbildliches leistete.
Johann Gottfried Herder, der Philosoph, der dem Absolutismus sonst so kritisch gegenüberstand, bezeichnete Karl Friedrich als *Deutschlands besten Fürsten.*

Verdient hat sich Karl Friedrich dieses Urteil mit seiner
Innen- und Reformpolitik. Der Markgraf, der ein *freies, opulen-
tes, gesittetes, christliches Volk* zu regieren wünschte, schaffte
unter anderem die Folter ab, sorgte für die Professionalisierung
des Lehrerberufes und betrachtete die Sozialfürsorge als staatliche Aufgabe. In Pforzheim, wo 1718 im ehemaligen Domini-

kanerinnenkloster ein gemeinsames Waisen-, Toll-, Kranken-, Zucht- und Arbeitshaus eingerichtet worden war, ließ er die Gruppen trennen, sodass die Waisenkinder von nun an nicht mehr mit Verbrechern in einen Topf geworfen wurden. Seine Sozialpolitik war stark vom Gedanken der Volkserziehung geprägt: Fleiß, Sparsamkeit, Tapferkeit, Tugend und Vaterlandsliebe waren erklärte Erziehungsziele, die notfalls auch mit Zwang vermittelt werden sollten.

Die Wirtschaft seines Landes versuchte Karl Friedrich durch die Ideen des in Frankreich aufgekommenen Physiokratismus zu stärken. Diese Lehre, die die Landwirtschaft in den Mittelpunkt des wirtschaftlichen Geschehens stellte, schien im agrarisch geprägten Baden besonders vielversprechend. In den Dörfern Dietlingen bei Pforzheim, Bahlingen und Teningen wurde die Theorie in der Praxis erprobt – und erwies sich als Fehlschlag. Mit anderen Maßnahmen wie der Förderung der Uhren- und Schmuckindustrie in Pforzheim hatte der Markgraf mehr Glück. Der Wohlstand in Baden-Durlach wuchs, die Staatsschulden konnten abgetragen werden.

Die Aufhebung der Leibeigenschaft

Keine andere Reformleistung brachte Karl Friedrich so viel Bewunderung und Anerkennung ein wie die Abschaffung der Leibeigenschaft 1783. Karl Friedrich war damit dem Beispiel Kaiser Josefs II. gefolgt. Zwar waren die Auswirkungen der Leibeigenschaft in Baden nicht sehr drückend, doch die Haltung Karl Friedrichs, der sechs Jahre vor der französischen Revolution *über freie Menschen regieren* wollte, begeisterte die Menschen. In Eutingen bei Pforzheim setzten die Untertanen ihrem Fürsten ein Denkmal des Dankes. Der Obelisk wurde an der Straße nach Württemberg aufgestellt, wo die Leibeigenschaft erst 1817 aufgehoben wurde. In roten Sandstein gemeißelt ist die Botschaft: *Wanderer dieser Straße: Sag deinem Land und der Welt unser Glück: Hier ist der edelste Mann Fürst.*

Karoline Luise: Die Vielwisserin von Baden

Keine Französin gibt es, die so viel Geist, Wissen und Höflichkeit besäße wie sie. Ihre Konversation hat mich entzückt. Voltaire, der 1758 Karlsruhe besuchte, war begeistert von der Frau an der Seite des badischen Markgrafen: Karoline Luise (1723–1783), eine geborene Prinzessin von Hessen-Darmstadt, gehörte zu den gebildetsten Frauen ihrer Zeit. Die kongeniale Partnerin Karl Friedrichs beschäftigte sich nicht nur mit Literatur und Geschichte, sondern auch mit Naturwissenschaften und Medizin – und setzte mit ihren Kenntnissen selbst ausgewiesene Experten in Erstaunen. Der Wissensdurst der Markgräfin und ihre Sammelleidenschaft haben nicht nur den badischen „Musenhof" geprägt, sondern bis heute Spuren hinterlassen: Aus Karoline Luises systematisch aufgebautem Naturalienkabinett erwuchs das Staatliche Naturkundemuseum Karlsruhe und ihr mehr als 200 Werke umfassendes Malereikabinett bildet den Grundbestand der Karlsruher Kunsthalle.

Die Wiedervereinigung der Markgrafschaften

Markgräfin Karoline Luise von Baden-Durlach hatte ihre „dynastische Pflicht" erfüllt: Drei Söhne erreichten das Erwachsenenalter; die Nachfolge in Baden-Durlach durfte damit als gesichert gelten. Anders war die Situation bei den Vettern von Baden-Baden: Ludwig Georg Simpert (1702–1761), der Sohn des Türkenlouis, der wegen seiner Leidenschaft fürs Waidwerk auch der „Jägerlouis" genannt wurde, hinterließ lediglich eine Tochter. Sein Bruder August Georg Simpert (1706–1771), ein Geistlicher, wurde von Papst Clemens XII. eigens in den weltlichen Stand zurückversetzt, damit er heiraten und der katholischen Markgrafschaft zu einem Erben verhelfen konnte. Doch seine Bemühungen blieben vergeblich, es war abzusehen, dass die bernhardinische Linie im Mannesstamm aussterben würde.

Diesmal wurde die Chance, die Markgrafschaften wiederzuvereinigen, nicht vertan. Die verfeindeten Vettern hatten sich im gemeinsamen Kampf während der Franzosenkriege wieder einander angenähert. Schon Friedrich Magnus von Baden-Durlach und der Türkenlouis hatten sich darauf geeinigt, dass für den

Allegorie auf die Vereinigung der badischen Landesteile: Maria Viktoria, die Witwe des letzten Markgrafen von Baden-Baden, huldigt dem neuen Regenten Karl Friedrich. Dieser reicht ihr und seiner rechts von ihm thronenden Gemahlin Karoline Luise die Hand. – Gemälde von Johann Wolfgang Hauwiller, 1771.

Fall des Erlöschens einer badischen Linie die andere erben sollte. Damals war noch völlig offen gewesen, welche Seite von der Übereinkunft profitieren würde. Nun, da August Georgs Ehe kinderlos blieb, feilschte man verbissen um Details des Erbvertrags. Heftigen Zank gab es ums Geld, denn Baden-Baden war hoch verschuldet. Dreh- und Angelpunkt war jedoch die konfessionelle Frage. Karl Friedrich musste den Besitz katholischer Einrichtungen garantieren. Trotzdem entgingen ihm die böhmischen Besitzungen der Sibylla Augusta: Die Markgräfin hatte zwar nicht prinzipiell ausgeschlossen, dass ein Durlacher erben dürfe – doch sie hatte die Bedingung gestellt, dass der Erbe ein Katholik sein müsse. Eine Konversion aber kam für den frommen Lutheraner Karl Friedrich nicht in Frage.

1765 wurde der Erbvertrag abgeschlossen, 1771 starb mit August Georg der letzte Markgraf von Baden-Baden. Seine Witwe, Maria Viktoria von Arenberg, machte Karl Friedrich in den nächsten Jahren das Leben schwer, indem sie ständig angebliche Benachteiligungen von Katholiken anprangerte. Doch solche Widrigkeiten wogen nicht allzu schwer angesichts der Tatsache, dass unter Karl Friedrich nach 250 Jahren die badischen Markgrafschaften wieder vereinigt worden waren. Er hatte sein Territorium damit praktisch verdoppelt und war jetzt Herr über einen Staat, in dem rund 257 000 Menschen lebten. Mit dieser Vergrößerung waren, ohne dass es der Markgraf zu diesem Zeitpunkt ahnen konnte, die Voraussetzungen für weitere Gebietsgewinne von ungeahntem Ausmaß geschaffen.

Das Großherzogtum Baden

Napoleon räumt auf

Der Ruf nach „Freiheit, Gleichheit, Brüderlichkeit", der 1789 die französische Revolution einläutete, fand rechts des Rheins Widerhall. Es kam zu Unruhen, die – etwa in der Ortenau – durch Truppenaufmärsche unterdrückt wurden. Zu einem Flächenbrand weiteten sich die örtlichen Erhebungen im deutschen Südwesten nicht aus. Trotzdem war die Lage am Oberrhein – besonders in Baden – prekär.

Die Markgrafschaft, in der zahlreiche französische Royalisten Unterschlupf suchten, drohte im eskalierenden Konflikt der Großmächte zerrieben zu werden. Da Karl Friedrichs Wunsch, neutral zu bleiben, von keiner Seite akzeptiert wurde, schloss sich der alte Markgraf 1792 der Koalition von Österreich und Preußen gegen das revolutionäre Frankreich an. Baden wurde wieder einmal Kriegsschauplatz; die Bevölkerung wurde durch die Einquartierung verbündeter Truppen kaum weniger bedrängt als durch Angriffe der Franzosen.

Die alten Dynastien hatten die Kampfkraft der Revolutionsarmeen gnadenlos unterschätzt. 1796 – Preußen war aus dem Bündnis bereits ausgeschert – besetzte die Revolutionsarmee die badische Hauptstadt Karlsruhe. Baden sah sich gezwungen, mit der französischen Republik einen Separatfrieden abzuschließen.

Der „Gründer des badischen Staates": Sigismund von Reitzenstein

Die Gespräche über den Sonderfrieden mit Frankreich führte Sigismund von Reitzenstein (1766–1847). Der fränkische Adelige, der seit 1789 in badischen Diensten stand, erkannte, dass das Heilige Römische Reich Deutscher Nation der Markgrafschaft Baden keine Entwicklungsmöglichkeiten bot. Reitzenstein setzte voll und ganz auf die französische Karte. Er handelte in Paris eine geheime Vereinbarung aus, wonach der badische Markgraf für die Gebiete, die

Sigismund von Reitzenstein schuf die Grundlagen für die enorme territoriale Vergrößerung Badens. – Zeitgenössischer Kupferstich.

er links des Rheins an Frankreich verloren hatte, auf der rechten Rheinseite – also innerhalb des Reichsgebietes – entschädigt werden sollte. Von seinem greisen Fürsten oft mehr gebremst als gefördert, schuf der gewiefte Diplomat die Grundlagen für eine enorme territoriale Vergrößerung Badens. Unter dem Motto *Wir müssen nehmen, was wir nur können*, zog Reitzenstein die Fäden, als Baden im Gefolge Napoleons 1803 zunächst zum Kurfürstentum und 1806 zum Großherzogtum aufstieg. Das Land Baden, wie es bis zum Ende des Zweiten Weltkriegs bestand, wurde in diesen Jahren geschaffen. Der Historiker Franz Schnabel bezeichnete den kühl kalkulierenden Reitzenstein als den eigentlichen *Begründer des badischen Staates*.

Sigismund von Reitzenstein hätte im Sinne Badens nicht so erfolgreich agieren können, wäre da nicht ein anderer gewesen, dem daran lag, die politische Landkarte Europas umzuzeichnen: Napoleon Bonaparte, Revolutionsgeneral, Erster Konsul und schließlich Kaiser der Franzosen, wollte auf der rechten Rheinseite mit Frankreich verbündete Pufferstaaten gegen Österreich und Preußen schaffen. Sie sollten groß und wirtschaftlich leistungsfähig genug sein, um ihm für seine Kriegszüge Truppen stellen zu können, aber wiederum nicht so stark, dass sie für Frankreich eine Bedrohung werden konnten. Die Folge war eine Flurbereinigung, die einer territorialen Revolution gleichkam: Die kleinräumige Staatenwelt des Südwestens wurde weggefegt, dem Heiligen Römischen Reich Deutscher Nation der Todesstoß versetzt. Als Napoleons Stern schließlich unterging, existierten im deutschen Südwesten nur noch die Flächenstaaten Baden und Württemberg sowie die beiden kleinen Fürstentümer Hohenzollern-Hechingen und Hohenzollern-Sigmaringen.

Der Entschädigungsplan: Andere zahlen die Zeche

Nach dem Sieg Frankreichs im zweiten Koalitionskrieg erkannten Kaiser und Reich im Frieden von Lunéville (1801) den Rhein als Ostgrenze Frankreichs an. Damit mussten etliche deutsche Fürsten – darunter der Markgraf von Baden – ihre linksrheinischen Besitztümer auf Dauer verloren geben. Zumindest die weltlichen Reichsfürsten sollten für ihre Gebietsverluste jedoch entschädigt werden. Offiziell hatte eine Reichsdeputation die Aufgabe, über einen Entschädigungsplan zu beraten. Doch als das Gremium des römisch-deutschen Reiches im August 1802 zusammentrat, hatten sich Frankreich und Russland bereits über das Verfahren geeinigt. Der Reichsdeputation blieb nichts anderes übrig, als diese Vereinbarungen abzusegnen. Sie wurden 1803 als letztes Reichsgesetz unter der Bezeichnung „Reichsdeputationshauptschluss" verabschiedet.

„Entschädigt" wurden die deutschen Fürsten auf Kosten anderer Reichsstände. Fast alle geistlichen Herrschaftsgebiete wurden säkularisiert (also verstaatlicht) und den weltlichen Herrschern zugeschlagen. Weitere Opfer im Entschädigungsgeschäft waren die Reichsstädte, die man großzügig weltlichen Fürsten zuteilte. Baden kam aufgrund des Verhandlungsgeschicks Reitzensteins und durch verwandtschaftliche Beziehungen des markgräflichen Hauses zum russischen Zaren besonders gut weg. Es erhielt das Hochstift Konstanz, Teile der Hochstifte Speyer, Basel und Straßburg (mit den Ämtern Ettenheim und Oberkirch), außerdem die Abteien Schwarzach,

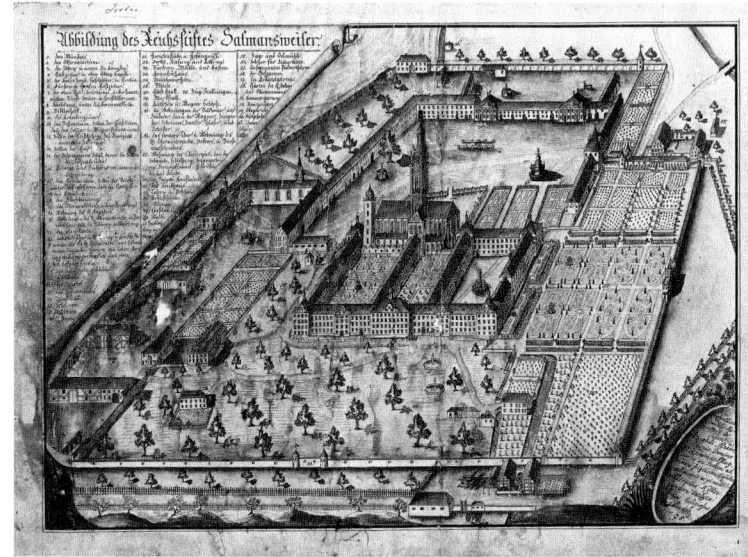

Salem, Ansicht des Klosters: Die Zisterzienser-Reichsabtei wurde 1802/03 säkularisiert. – Tintenzeichnung von Aloysius Keller, 1798.

Frauenalb, Allerheiligen, Lichtenthal, Gengenbach, Ettenheimermünster, Petershausen, Reichenau, Öhningen, Schuttern und Salem sowie Stift und Propstei Odenheim. Badisch wurden ferner die Herrschaft Lichtenau, die nassau-usingische Herrschaft Lahr sowie die Reichsstädte Offenburg, Gengenbach, Zell und das Reichstal Harmersbach, zudem die Reichsstädte Überlingen, Pfullendorf, Biberach und Wimpfen (die beiden Letzteren wurden später an Württemberg beziehungsweise Hessen abgetreten).

Der Erwerb der Kurpfalz

Von besonderer Bedeutung im Entschädigungsgeschäft der Jahre 1802/03 war die Kurpfalz, die seit 1777/78 mit Bayern verbunden war. Der größte Teil der Kurpfalz lag auf der linken

Rheinseite und war damit an die Franzosen verloren. Da dem Kurfürsten Maximilian IV. Joseph vor allem an der Vergrößerung seines bayerischen Besitzes lag, gab er die rechtsrheinische Pfalz preis. Karl Friedrich von Baden erhielt nicht nur die pfälzischen Ämter Ladenburg, Bretten und Heidelberg mit den Städten Mannheim und Heidelberg, sondern auch die mit der Pfalzgrafschaft verbundene Kurwürde. Als Kurfürst von Baden hatte der greise Karl Friedrich nunmehr zumindest theoretisch das Recht, den römisch-deutschen Kaiser mitzuwählen. Dazu sollte es freilich nicht kommen, denn der Niedergang des Reiches war nicht mehr aufzuhalten.

Alles in allem wurde Baden in den Jahren 1802/03 mehr als reichlich entschädigt: Das Territorium, das das neue Kurfürstentum gewonnen hatte, war mehr als vier Mal so groß wie die Flecken, die es an Frankreich abtreten musste. Und die rund 38 400 Untertanen, die Baden an Frankreich verlor, waren angesichts der über 280 000 Einwohner in den neu gewonnnen Gebieten zu verschmerzen. Allerdings waren die südbadischen Gebiete noch immer nicht mit dem Kernland verklammert, denn der österreichische Breisgau und die Ortenau waren zunächst für den Herzog von Modena bestimmt worden: Seine territorialen Verluste in Oberitalien sollten am Oberrhein ausgeglichen werden.

Der Breisgau wird badisch

Der Länderschacher war jedoch noch längst nicht abgeschlossen. Ein Bündnis mit Frankreich, dem Karl Friedrich 1805 nur widerstrebend zustimmte und das ihn zu militärischem Beistand verpflichtete, zahlte sich aus: Der größte Teil des Breisgaus (inklusive der Besitzungen der Klöster St. Blasien, St. Peter, St. Trudpert, St. Gallen, Günterstal und Tennenbach), die einstmals vorderösterreichische Landvogtei Ortenau, aber auch die Stadt Konstanz sowie die Besitzungen der Deutschordenskommende Mainau mit der Herrschaft Blumenfeld und die kleine Herrschaft Hagnau fielen jetzt an Baden.

In noch stärkere Abhängigkeit von Frankreich geriet Baden durch den Rheinbund, zu dem sich 1806 unter dem Druck Napoleons 16 süd- und westdeutsche Fürsten zusammenschlossen. Mit der Unterzeichnung der Rheinbundakte trugen die Fürsten das alte Reich zu Grabe. Wenige Wochen später legte Kaiser Franz II. die römisch-deutsche Kaiserkrone nieder; er trug fortan nur noch den Titel eines Kaisers von Österreich, den er sich vorausschauend zugelegt hatte. Da man nun keine Kaiser-Wähler mehr benötigte, brauchte man auch keine Kurfürsten mehr. Der Rheinbund-Fürst Karl Friedrich von Baden wurde zum Großherzog erhoben. Das war für den alten Mann allerdings kein Grund zum Jubeln, denn er hatte fest damit gerechnet, König zu werden – schließlich hatten auch die Herzöge von Württemberg und Bayern im Gefolge Napoleons Königskronen erhalten. Dass dem Badener das Prädikat „Königliche Hoheit" zugestanden wurde, war ihm allenfalls ein schwacher Trost.

Durch den Beitritt zum Rheinbund erfuhr Baden eine weitere Vergrößerung – diesmal vor allem auf Kosten von kleineren weltlichen Fürsten, die eben zum Teil noch selbst von der Säkularisation profitiert hatten. Jetzt wurden sie „mediatisiert", ihr Territorium dem größeren Mittelstaat zugeschlagen. Die Fürsten von Fürstenberg etwa, die ihren straff durchorganisierten Kleinstaat von Donaueschingen aus regierten, waren noch 1802/03 mit umfangreichem Kirchengut ausgestattet worden – doch drei Jahre später wurde ihr Territorium zwischen Baden, Württemberg und Hohenzollern aufgeteilt. Baden heimste dabei den Löwenanteil ein. Für die betroffenen Fürsten bedeutete die „Mediatisierung" keine eigentliche Besitzstandsminderung, doch verloren sie die Steuerhoheit und andere Hoheitsrechte wie die Gesetzgebungsbefugnis, oberste Gerichtsbarkeit, hohe Polizei und Militärgewalt – das bedeutete einen Machtverlust, den sie dem neuen Souverän sehr verübelten.

Badisch wurden 1806 unter anderem Besitzungen des Hauses Leiningen, darunter Gebiete, die zuvor zu den Hochstiften Mainz und Würzburg gehört hatten, ferner die ehemals pfälzi-

Residenzstadt Donaueschingen: Die Mediatisierung bedeutete für die Fürsten von Fürstenberg einen erheblichen Machtverlust. – Aquarell von Wilhelm Scheuchzer, 1827.

schen Ämter Boxberg und Mosbach sowie die Herrschaft Zwingenberg. Unter badische Landeshoheit kamen zudem die nördlich der Jagst liegenden Teile des Fürstentums Krautheim sowie die südlich des Mains gelegenen Teile der Grafschaft Wertheim. Darüber hinaus fielen einstmals reichsunmittelbare Rittergebiete im Odenwald, im Kraichgau, in der Ortenau und im Hegau an Baden, außerdem die Johanniterkommende Heitersheim, die Grafschaft Tengen, die Landgrafschaft Klettgau, die Grafschaft Bonndorf und die Herrschaft Blumegg. Weitere Veränderungen gab es in den Folgejahren, als Baden die Landgrafschaft Nellenburg und einige kleinere Besitzungen erwarb, zum Teil im Tausch mit Württemberg und Hessen. 1818/19 wurde auch die Grafschaft Hohengeroldseck badisch.

Den Aufstieg zum souveränen Mittelstaat hatte das Großherzogtum seiner Grenzlage zwischen Deutschland und Frankreich und der Machtpolitik Napoleons zu verdanken. Freilich zahlte Baden für seine Vergrößerung einen hohen Preis. *Als Markgraf war ich reich und Herr, als Kurfürst bin ich arm und ohnmächtig*, jammerte der 77-jährige Karl Friedrich nicht ohne Grund. Faktisch wurde die Regierung in Karlsruhe von Paris aus ferngesteuert. Seinen Enkel, den Erbprinzen Karl, musste der badische Fürst auf die Weisung Napoleons hin mit dessen Adoptivtochter Stephanie verheiraten; außerdem zwang ihn der Kaiser der Franzosen, seinen missliebigen Sohn Ludwig (den späteren dritten Großherzog) nach Salem zu verbannen.

Schwerer als solche Widrigkeiten aber wog, dass das Land für die Gunst Napoleons bluten musste – finanziell, aber auch im wahrsten Sinne des Wortes. Als Rheinbundstaat war Baden zu militärischer Hilfe für Frankreich verpflichtet. Badische Soldaten kämpften 1806/07 gegen Preußen und Russland, 1808 bis 1813 in Spanien und 1809 gegen Österreich. Zur Katastrophe wurde 1812/13 der Russlandfeldzug. Der Rückzug der Großen Armee aus Moskau wurde an der Beresina von badischen Truppen gedeckt, viele der Soldaten fanden im eisigen Wasser den Tod. Von 7000 Badenern kehrten nur ein paar Hundert zurück.

Die Krone aus Pappmaché und Kirchenschätzen

Die Katastrophe des Russlandsfeldzugs hat Badens erster Großherzog nicht mehr erlebt. Als Karl Friedrich nach 65-jähriger Regierungszeit 1811 starb, sollte er mit den Zeichen seiner königlichen Würde – Krone, Zepter und Schwert – aufgebahrt werden. Allein, die Kroninsignien waren noch nicht fertiggestellt. Mit welcher Eile sich die Hofjuweliere nunmehr an die Arbeit machten, lässt sich an der einfachen Konstruktion der Krone ablesen: Ihr Gerüst bilden acht mit Pappmaché verstärkte Drahtbügel und ein ebensolcher Stirnreif. Dieses Gerüst belegte man außen mit gelber Seide und innen mit rotem Samt und schmückte das Ganze mit einem Netz aus Goldfäden und Pailletten. Vielsagend ist die Herkunft der

2451 Edelsteine, die die großherzoglich-badische Krone schmücken: Sie stammen aus säkularisiertem Kirchengut. Kostbarkeiten des Hofkirchenschatzes aus Rastatt fanden ebenso Verwendung wie Steine aus St. Blasien und Säckingen sowie Kreuze und Ringe, die aus Bruchsal und Schwarzach stammten. Die mit Diamanten und Rubinen verzierte Kugel und das Kreuz auf der Krone waren dem Kurhut von 1803 entnommen.

Auf wackeligem Grund

Baden war mit Napoleon groß geworden – jetzt drohte die Gefahr, dass das junge Großherzogtum mit dem Kaiser der Franzosen untergehen würde. Großherzog Karl (1786–1818), der Enkel und Nachfolger Karl Friedrichs, war kein Mann der schnellen Entschlüsse. Andere Rheinbundstaaten wie Bayern und Württemberg hatten längst die Fronten gewechselt, doch Karl, der Schwiegersohn Napoleons, zögerte. Ausgerechnet Sigismund von Reitzenstein, der Baden einst an Frankreichs Seite geführt hatte, machte Karl im November 1813 klar, dass Baden aus dem Rheinbund austreten müsse. Für den Kampf gegen Napoleon stellte das Großherzogtum 8000 Soldaten.

Ob der späte Frontenwechsel den neuen badischen Staat vor einer Zerschlagung würde bewahren können? Das war umso fraglicher, als Baden auch auf Kosten von Staaten gewachsen war, die bei einer Neuordnung Europas viel Gewicht in die Waagschale zu werfen hatten. Da war vor allem Österreich, das seine Besitzungen in Südbaden zurückforderte, aber ebenso Bayern. Da die linksrheinische Pfalz nun wieder im Besitz des bayerischen Königs war, wollte er gar zu gerne auch die nunmehr badischen Teile des Landes mit Heidelberg und Mannheim zurückhaben. Trotzdem wurde das Territorium des jungen Großherzogtums auf dem Wiener Kongress nicht geschmälert. Dafür sorgte nicht zuletzt Zar Alexander, der mit einer badischen Prinzessin verheiratet war. Auch der Gedanke des Mächteausgleichs spielte eine Rolle: In Europa hielt man solide Puffer zwischen den Großmächten Österreich und Frankreich weiterhin für wünschenswert.

Bayern gab die Hoffnung, seine Ansprüche auf einstmals kurpfälzische Gebiete rechts des Rheines durchzusetzen, aber noch nicht auf. Das Königreich spekulierte dabei vor allem auf die ungeklärte badische Erbfolge. Badens Problem bestand darin, dass Großherzog Karl zwar Töchter, aber keine männlichen Nachkommen hatte. Die beiden Jungen, die Großherzogin Stephanie Napoleon zur Welt gebracht hatte, waren in zartem Alter gestorben. Auch die beiden Onkel Karls, die Prinzen Friedrich und Ludwig, hatten keinen erbberechtigten Nachwuchs. Nun existierten zwar noch drei Söhne aus der zweiten Ehe des 1811 verstorbenen Großherzogs Karl Friedrich, doch die litten unter einem gravierenden Makel: Karl Friedrich hatte ihre Mutter nur „zur linken Hand" geheiratet.

Der Fürst hatte nach dem Tod der Markgräfin Karoline Luise eine Hofdame seiner Schwiegertochter zur Gefährtin seiner alten Tage erwählt. Als Dame aus dem Kleinadel war Luise Karoline Geyer zu Geyersberg ihrem 40 Jahre älteren Bräutigam nicht ebenbürtig – daran änderte ihre Erhebung zur „Reichsgräfin von Hochberg" nichts. Die Hochberg war als „Ehefrau zur Linken" zwar rechtmäßig mit dem Großherzog verheiratet, aber sie gehörte offiziell nicht zur großherzoglichen Familie – ein Schicksal, das ihre Kinder teilten. So hatten Leopold von Hochberg und seine Brüder auch kein Recht auf den badischen Thron. Allerdings hatte schon Karl Friedrich für den Fall des Aussterbens seines Hauses im Mannesstamm ein Nachfolgerecht für die Söhne aus zweiter Ehe vorgesehen. Dieses wollte sein kränkelnder Enkel nun durchsetzen.

Im Bestreben, Baden als Ganzes für sein Haus zu bewahren, erließ Großherzog Karl 1817 ein Familienstatut, in dem die Unteilbarkeit des Landes und das Thronfolgerecht von Karl Friedrichs Hochberger Nachkommen festgeschrieben wurden. Die Söhne der Reichsgräfin wurden dadurch zu Markgrafen und Prinzen von Baden. Zar Alexander sorgte dafür, dass die Regelung, die seine badische Gemahlin Elisabeth befürwortete, international anerkannt wurde. So bestieg nach dem frühen Tod von Großherzog Karl zunächst sein Onkel Ludwig (1763–1830), der jüngste Sohn aus Karl Friedrichs erster Ehe, den Thron. Als Ludwig 1830 starb, kam mit seinem Halbbruder Leopold (1790–1852) die neue, die Hochberger Linie an die Regierung.

Kaspar Hauser – ein badischer Prinz?

Die Erbregelung des Hauses Baden wurde erregt diskutiert – an den in- und ausländischen Höfen ebenso wie bei einfachen Leuten. Vor allem die Bayern, die immer noch auf die Rückgabe der Kurpfalz hofften, hielten die Empörung am Köcheln. War bei der badischen Erbfolge alles mit rechten Dingen zugegangen oder hatte eine interessierte Partei Schicksal gespielt? Als 1828 in Nürnberg der rätselhafte Kaspar Hauser auftauchte, verbreitete sich schnell das Gerücht, dass der sonderbare Jüngling der wahre Thronerbe Badens sei. Die Spekulationen gingen dahin, dass die Reichsgräfin von Hochberg den 1812 geborenen, namenlosen Sohn von Großherzog Karl und Stephanie Napoleon gegen ein sterbendes Kind ausgetauscht habe, um ihre eigene Brut auf den Thron zu bringen. Der echte Prinz sei einsam in einem dunklen Raum gefangen gehalten worden, bis er entkommen konnte und in Nürnberg für Aufsehen sorgte. Der gewaltsame Tod Hausers 1833 in Ansbach gab den Gerüchten zusätzlich Nahrung. Badische Republikaner griffen die Geschichte auf, um Großherzog Leopold die Legitimität abzusprechen. Bis heute hat die These, dass Kaspar Hauser der wahre Erbe Badens gewesen wäre, zahlreiche Anhänger. Historiker werten die Prinzen-Legende jedoch vor allem als Zeichen für die mangelnde Akzeptanz der Monarchie im neuen Baden. Das Haus Baden ist bis heute nicht bereit, zu einer „Aufklärung" des 200 Jahre alten Krimis beizutragen.

Das neue Baden: Land und Leute

Das Großherzogtum Baden erstreckte sich in Form eines Stiefels von Konstanz am Bodensee entlang des Rheins bis nach Mannheim und weiter bis zur Mündung der Tauber in den Main bei Wertheim und zur Jagst im Osten. Während die Ausdehnung von Süd nach Nord nahezu 300 Kilometer betrug, war Baden in der Mitte sehr „schmal": Wer in der Nähe von

Rastatt vom Rhein zur württembergerischen Grenze wandern wollte, hatte sein Ziel schon nach etwa 20 Kilometern erreicht. Großherzogin Stephanie spottete nicht umsonst, dass der neue badische Staat zwar eine superbe Taille habe, ihm aber ein bisschen mehr Bauch besser angestanden hätte.

Nicht nur die Gestalt des Großherzogtums war merkwürdig und vielen Zufällen geschuldet. Das Territorium des neuen Baden setzte sich aus Regionen zusammen, die nie zuvor eine politische Einheit gebildet hatten; es war am grünen Tisch ohne Rücksicht auf Traditionen und Mentalitäten ausgehandelt worden. Die Schwaben im Bodenseeraum hatten wenig gemein mit den Altbadenern im Kernland um Karlsruhe und Rastatt und noch weniger mit den Kurpfälzern im Norden. Die Freiburger, die sich 1368 den Habsburgern unterstellt hatten, fühlten sich noch jahrelang dem 900 Kilometer entfernten Wien näher als der neuen Hauptstadt Karlsruhe. In einer Parodie des „Vater unser" sollen sie gebetet haben: *Erlöse uns von der badischen Herrschaft.* Das ganze 19. Jahrhundert über blieb die Integration der verschiedenen Landesteile ein beherrschendes Thema im Großherzogtum. Dass es schließlich gelang, ein badisches „Wir-Gefühl" zu schaffen, darf als beachtliche Leistung gelten. Allerdings war das badische Bewusstsein in den verschiedenen Regionen sehr unterschiedlich ausgeprägt.

Badisch Sibirien

Nicht recht gelingen wollte die Integration von „Badisch Sibirien". Aus Karlsruher Sicht war der dünn besiedelte Nordosten des neuen Baden mit dem Bauland, dem Hinteren Odenwald und Teilen des Taubergrunds tiefste Provinz. Wurde ein Beamter dorthin versetzt, kam dies einer Verbannung gleich. Auch die rauen klimatischen Bedingungen – in der Region ist es im Jahresmittel um fast zwei Grad kälter als am Oberrhein – legten den Vergleich mit Sibirien nahe. Die Menschen wiederum, die in Walldürn, Buchen, Boxberg oder Tauberbischofsheim lebten, orientierten sich eher am nunmehr bayerischen Würzburg als an ihrer Hauptstadt Karlsruhe. Von den Hungerkrisen des 19. Jahrhunderts war das landwirtschaftlich geprägte badische Frankenland mit seinen kargen Böden besonders betroffen; zudem wurde der Anschluss an die beginnende

Industrialisierung – nicht zuletzt aufgrund der miserablen Infra-
struktur – verpasst. So stand die volkstümliche Bezeichnung
Badisch Sibirien bis weit ins 20. Jahrhundert hinein für ein von
Rückständigkeit gezeichnetes Hinterland.

Obwohl Baden sich etliche ehemalige Residenzstädte mit einer
Vielzahl von Schlössern und Verwaltungsgebäuden einverleibt
hatte, stand Karlsruhe als Hauptstadt nicht zur Disposition. Die
großherzogliche Familie suchte allerdings ihre Wertschätzung
anderer Landesteile dadurch zu belegen, dass ihre Mitglieder
dort Wohnung nahmen. So residierte die Großherzogin-Witwe
Stephanie nahezu 40 Jahre im einst kurfürstlichen Schloss in
Mannheim. Markgräfin Amalie, die Mutter von Großherzog
Karl und der Zarin Elisabeth, nahm ihren Witwensitz im ehemals fürstbischöflichen Schloss in Bruchsal. Aus der ehemaligen
Reichsabtei Salem hatten die Großherzöge einen Familienfidei-
kommiss geschmiedet, der als Versorgungseinrichtung für
nachgeborene Söhne diente. Ein weiteres Standquartier des
großherzoglichen Hauses im Bodenseegebiet wurde die Mainau: Die 1806 an Baden gefallene Insel war zunächst verkauft
worden und hatte mehrfach den Besitzer gewechselt, bis sie
1853 der spätere Großherzog Friedrich I. erwarb und zu seiner
Sommerresidenz ausbaute. Sein ältester Sohn, der Erbprinz,
fühlte sich in seinem Palais in Freiburg besonders wohl. Zum
Stelldichein nicht nur für das badische Fürstenhaus entwickelte
sich Baden-Baden: Als mondäner Badeort mit Spielcasino
wurde es zum Treffpunkt von gekrönten Häuptern, Adeligen,
Großbürgern, Künstlern, Hasardeuren und Halbweltdamen:
die Sommerhauptstadt Europas.

Einfache Leute im Schwarzwald ...

Die eleganten Sommergäste, die es sich in Baden-Baden gut
gehen ließen, planten den einen oder anderen Ausflug in die
Umgebung ein. En vogue waren Kutschenfahrten nach Schloss
Eberstein bei Gernsbach, wo Großherzog Leopold sich – der
damaligen Mode entsprechend – seinen Träumen vom Mittel-

In Schloss Bruchsal durfte der letzte Fürstbischof von Speyer, Philipp Franz Wilderich von Walderdorff, bis zu seinem Tod 1810 wohnen. Als Landesherr war er 1802/03 abgesetzt worden.

alter hingab. Die wildromantische Szenerie des Murgtals kam dem Zeitgeschmack entgegen. Blicke hinter die Kulissen zu werfen, war weniger angesagt. Schließlich, das wusste man aus dem Badischen Trachtenbuch des Heidelberger Professors Aloys Schreiber, handelte es sich bei den Schwarzwaldbewohnern um *ein armes, rühriges Volk, dem die Natur einen kargen Boden gab.*

Bis zum Ende des alten Reiches war nur ein Fünftel des Schwarzwalds badisch, der größte Teil gehörte zu Vorderösterreich (32 Prozent) und Württemberg (23 Prozent). Einen größeren Anteil besaßen noch die Fürsten von Fürstenberg (knapp 13 Prozent), der Rest verteilte sich in kleinen Flecken auf andere Territorialherren. Nach der Napoleonischen Flurbereinigung gab in dem Mittelgebirge jedoch Baden den Ton an: 77 Prozent seiner Fläche gehörten zum neuen Großherzogtum.

Der Schwarzwald war vor allem in den Höhenlagen nur dünn besiedelt. Um den zum Überleben notwendigen Besitz zu erhalten, war in einigen Bereichen des Mittleren Schwarzwalds bereits seit dem 16. Jahrhundert die Teilung der Bauernhöfe verboten. Sie wurden nach dem „Anerbenrecht" als geschlossene Hofgüter vererbt und fielen an den jüngsten Sohn, den „Hofengel". Das Großherzogtum Baden bestätigte diese Regelung. Im nördlichen und im südöstlichen Schwarzwald, besonders im Hotzenwald, praktizierte man hingegen die „Realteilung". Die zweifellos gerechtere Regelung, bei der alle Erbberechtigten gleiche Anteile des Besitzes erhalten, führte freilich zu kleinen und kleinsten Parzellierungen, die oft kein Auskommen mehr ermöglichten.

Neben der Landwirtschaft waren im Schwarzwald unter anderem die Strohflechterei, die Holzflößerei, die Köhlerei sowie die Glasproduktion wichtige Erwerbsmöglichkeiten. Besondere Bedeutung im Hochschwarzwald erhielt die Uhrenherstellung, die in der ersten Hälfte des 19. Jahrhunderts einen ungeheuren Aufschwung erfuhr. Schwarzwalduhren (und das waren keineswegs nur die berühmten Kuckucksuhren) genossen weltweite Bekanntheit. Fachleute gehen davon aus, dass die Jahresproduktion in den 1830er- und 1840er-Jahren bei 500 000 bis 600 000 Stück lag. Hergestellt wurden die Uhren in kleinen und kleinsten Werkstätten, doch die harte Arbeit, bei der meist die ganze Familie einbezogen war, sorgte allenfalls für bescheidenen Wohlstand. Gegen Ende des 19. Jahrhunderts trat an die Stelle des traditionellen Heimgewerbes die industrielle Massenfertigung in großen Uhrenfabriken. Die weltweit umfassendste Sammlung von Schwarzwalduhren ist heute im Deutschen Uhrenmuseum in Furtwangen zu sehen.

... und kluge Köpfe in den Universitäten

Bis 1803 war die Markgrafschaft universitätsfreie Zone gewesen – dem neuen Baden aber waren gleich zwei traditionsreiche Hochschulen zugefallen. Zwar steckte die Universität Heidelberg in einer tiefen Krise – Konfessionsquerelen und Machtkämpfe, auf die lange Bank geschobene Modernisierungsmaßnahmen sowie Geldnöte waren die Hauptursachen –, doch nach dem Übergang an Baden gewann sie dank einer geschickten Berufungspolitik als protestantisch geprägte staatliche Anstalt rasch wieder an Ansehen. An der nunmehr Ruprecht-Karls-Universität genannten Hochschule (nach ihrem Gründer sowie nach ihrem neuen Rektor, Großherzog Karl Friedrich) stiegen die Studentenzahlen stetig. 1830 waren es bereits über 800. Allerdings waren die Nachwuchs-Akademiker, die in Heidelberg vornehmlich Jura oder Medizin studierten, in der Mehrzahl keine Badener, sondern Norddeutsche und andere „Fremde". 1914 waren an der Ruprecht-Karls-Universität knapp 2700 Studierende eingeschrieben.

Eher zu einer Heimatuniversität entwickelte sich zunächst die Universität Freiburg, die 1805 mit dem Breisgau an Baden gefallen war. Die Albert-Ludwigs-Universität (benannt nach ihrem Gründer sowie ihrem Gönner, dem badischen Großherzog Ludwig) behielt auch in großherzoglicher Zeit ihr süddeutsch-katholisches Profil. Besonders gefragte Studienfächer in Freiburg waren katholische Theologie und Medizin. Die Studentenzahlen schwankten, kritisch wurde es 1871, als nur noch rund 200 junge Männer eingeschrieben waren. In den 1880er-Jahren ging es jedoch steil aufwärts und 1914 studierten in Freiburg knapp 3200 Menschen.

Um den zunehmenden Bedarf an technisch qualifiziertem Personal zu decken, wurde 1825 in Karlsruhe ein Polytechnikum gegründet. Damit entstand die älteste technische Hochschule Deutschlands, die diese Bezeichnung allerdings erst ab 1885 führte. 1832 wurden dem Polytechnikum die von Johann Gottfried Tulla gegründete Ingenieurschule für Wasser- und Straßenbau sowie Friedrich Weinbrenners Baumeisterschule angegliedert. Ferdinand Redtenbacher, der in Karlsruhe seit 1841 eine Professur für Maschinenbau innehatte, schuf die wegweisenden Grundlagen für dieses Fach. Wissenschaftsgeschichte schrieb die spätere Universität außerdem dadurch, dass Carl Weltzien in der badischen Hauptstadt den ersten internationalen Chemikerkongress organisierte. Dabei wurden unter anderem die Atomgewichte festgelegt.

Auch das Bedürfnis nach einer solideren Bildung der Kaufleute wuchs. Um es zu befriedigen, wurde 1908 in Mannheim die Handelshochschule gegründet (seit 1967 Universität).

Mit dem Polytechnikum wurde 1825 in Karlsruhe die älteste technische Hochschule Deutschlands gegründet. Die daraus entstandene Universität Karlsruhe schloss sich 2009 mit dem Forschungszentrum Karlsruhe zum KIT, dem „Karlsruher Institut für Technologie", zusammen. – Farblithografie, 1836. Karlsruher Institut für Technologie.

Ein neues Bett für den Rhein

Der Glaube an die Segnungen der Technik war noch unbelastet – und dass ein Fluss einfach fließt, wohin er will, fand Gottfried Tulla (1770–1828) hoffnungslos altmodisch. *In der Regel sollen in kultivierten Ländern die Bäche, Flüsse, Ströme Kanäle sein und die Leitung der Gewässer in der Gewalt der Bewohner sein*, forderte der badische Oberingenieur.

Der Rhein war für die an seinem Ufer siedelnden Menschen Lebensgrundlage und existenzielle Bedrohung zugleich. Immer wieder veränderte der in weiten Schlingen durch die Ebene fließende Strom seinen Lauf und verschlang dabei fruchtbares Kulturland, aber auch Häuser und ganze Dörfer. Um die Hochwassergefahr zu dämmen, die Ebene zu entsumpfen, Land zu gewinnen und den Fluss für moderne Dampfschiffe befahrbar zu machen, arbeitete Tulla einen verwegenen Plan aus: Dem Rhein sollte zwischen Basel und der badisch-hessischen Grenze ein für allemal ein geschlossenes Flussbett von

200 bis 250 Meter Breite verpasst werden. Da ein solch gewaltiges Unternehmen nur in Zusammenarbeit mit den linksrheinischen Nachbarstaaten denkbar war, bedurfte es zu seiner Realisierung intensiver diplomatischer Bemühungen. 1817 wurde mit den Arbeiten begonnen. Als Tulla 1828 in Paris starb, waren erst Bruchteile seines Planes in die Tat umgesetzt, abgeschlossen wurde die Rheinkorrektion 1879.

Mit der Begradigung des Rheins setzte die gravierendste Landschaftsveränderung der Neuzeit ein. Zwischen Basel und der badisch-hessischen Grenze wurde der Strom von 354 auf 273 Kilometer verkürzt. Früher verbreitete Krankheiten wie die Malaria, Ruhr und Typhus verschwanden in der Rheinebene nahezu vollständig. Es verschwand allerdings auch großflächig der ursprüngliche Auenwald am Oberrhein, der als „badischer Dschungel" einen einzigartigen Lebensraum abgab. Die negativen Folgen der Rheinregulierung wurden durch den Ausbau des Stroms für den Massengüterverkehr im 20. Jahrhundert massiv verschärft. Insbesondere ließ der Verlust natürlicher Überschwemmungsgebiete am Oberlauf die Hochwassergefahr flussabwärts stark ansteigen.

Vom Rheingold wurde niemand reich

Seit dem Mittelalter wurde am Oberrhein Gold gewaschen. Der Fluss führt winzige Goldflitter mit sich, die an Sandbänken abgelagert werden. Als besonders ergiebig galt einst der Abschnitt zwischen Goldscheuer bei Kehl (der Name kommt nicht von ungefähr!) und Linkenheim bei Karlsruhe.

Goldwaschen war ein mühsames Geschäft: Um etwa 20 Gramm Gold zusammenzubekommen, mussten drei Männer ein Jahr lang arbeiten. Reich wurde dabei niemand, aber für viele arme Familien in den hochwassergeplagten Dörfern am Strom war die Goldwäscherei die einzige Möglichkeit, ihre Existenz zu sichern. Noch 1838 gab es auf der badischen Rheinseite rund 400 Goldwäscher. Da der schneller fließende Fluss nach seiner Begradigung im Uferbereich aber kaum noch Sand – und damit auch kaum noch Gold – ablagerte, war das Gewerbe zum Aussterben verurteilt.

Goldwäscher am Rhein bei Karlsruhe. – Darstellung aus Aloys Schreiber, Trachten, Volksfeste und charakteristische Beschäftigungen im Großherzogtum Baden. Freiburg, um 1825.

Religion im neuen Staat

Eine völlig neue Situation hatte die Napoleonische Flurbereinigung in religiöser Hinsicht geschaffen: Die meisten neubadischen Territorien waren katholisch geprägt, sodass sich zwei Drittel der Einwohner im Großherzogtum zur römischen Kirche bekannten. Der Landesherr jedoch war evangelisch und auch die Verwaltungseliten hingen weitgehend protestantischen Traditionen an. So hatte Baden in konfessioneller Hinsicht eine nicht zu unterschätzende Integrationsleistung zu vollbringen. Die großherzogliche Regierung, die die meisten Klöster aufgehoben hatte, beabsichtigte, viele bislang von der Kirche wahrgenommene öffentliche Aufgaben dem Staat zu übertragen. Die Geistlichkeit sollte darauf reduziert werden, junge Menschen unter moralisch-religiösen Gesichtspunkten zu erziehen und die Staatsbürger sittlich zu ertüchtigen.

Die politische Neuordnung hatte auch eine Neuordnung der kirchlichen Gebiete zur Folge. Das traditionsreiche Bistum Konstanz wurde aufgelöst. Nach zähen Verhandlungen mit dem Vatikan wurde 1821 die Oberrheinische Kirchenprovinz ins Leben gerufen und Freiburg zum Sitz des Metropoliten bestimmt. Baden hatte nunmehr ein Landesbistum, das allerdings um die beiden hohenzollerschen Länder erweitert wurde. Aus katholischer Sicht war die neue Diözese ein den politischen Verhältnissen geschuldetes zusammengestückeltes Gebilde: Der größte Teil stammte aus dem aufgelösten Bistum Konstanz, den Rest hatte man aus den Diözesen Speyer, Mainz, Straßburg, Worms und Würzburg ergänzt.

Als erster Erzbischof wurde 1827 der Freiburger Münsterpfarrer Bernhard Boll inthronisiert. Viel zu sagen haben sollte er nach dem Willen der badischen Regierung nicht: Hirtenbriefe oder päpstliche Schreiben waren vor ihrer Veröffentlichung dem Ministerium in Karlsruhe vorzulegen, auch Pfarreien durfte der Erzbischof nicht selbstständig besetzen. Die Aufsicht über das Kirchenvermögen lag beim Staat, nicht anders stand es um den Kirchenbau. Zwar hatte der „aufgeklärte Katholizismus" an der Theologischen Fakultät der Universität Freiburg viele Anhänger, doch der Anspruch des Großherzogs auf die Kirchenhoheit im Sinne des Staatskirchentums war äußerst konfliktträchtig. Zur offenen Auseinandersetzung mit den katholischen Autoritäten kam es zunächst jedoch noch nicht.

Die Evangelische Landeskirche

Die evangelische Kirche dem neuen Staat dienstbar zu machen, fiel um einiges leichter, zumal der Großherzog als Landesbischof eine starke Stellung hatte. Seit 1821 ist die Evangelische Landeskirche in Baden eine unierte Kirche, das heißt, lutherische und reformierte Christen sind in einer Kirche vereinigt. Die innerevangelischen Lehrunterschiede wurden aufgehoben, insbesondere haben die Unterschiede in der Abendmahllehre keine trennende Wirkung. Erster Prälat, der die „Vereinigte evangelisch-protestantische Kirche im Großherzogtum Baden" im Landtag vertrat, war der für seine alemannischen Mundartdichtungen bekannte Theologe Johann Peter Hebel. Innerhalb der liberalen Unionskirche entstand bald eine neupietistische Opposition. Ab 1850 führten ein ausgeprägtes lutherisches Konfessionsbewusstsein und Widerstand gegen den theologischen Liberalismus und Rationalismus zur Entstehung der evangelisch-lutherischen Freikirche.

Der Oberrat der Israeliten

Unter staatlicher Kontrolle stand auch der Oberrat der Israeliten Badens. Eingerichtet wurde er aufgrund eines Ediktes von Großherzog Karl Friedrich im Jahr 1809. Dieses Edikt gilt als ausgesprochen fortschrittlich und war ein bedeutender Schritt auf dem Weg zur rechtlichen Gleichstellung der Juden in Baden. Die Verordnung stieß allerdings auf erheblichen Widerstand nicht nur bei der christlichen Bevölkerung, sondern ebenso in den jüdischen Gemeinden, die nicht daran gewohnt waren, sich einer Behörde unterzuordnen. Zudem kam es zu erheblichen Spannungen zwischen liberalen Juden und Vertretern der Orthodoxie. Der Prozess der politischen Emanzipation war auch im Großherzogtum Baden, wo etwa 20 000 Juden lebten (das entsprach 1,5 Prozent der Bevölkerung), von vielen Rückschlägen begleitet. Mehrfach, vor allem in den Jahren 1819 und 1848, kam es zu antijüdischen Ausschreitungen. Die vollständige bürgerliche Gleichstellung der Juden in Baden wurde 1862 beschlossen.1868 gelangte erstmals ein Jude in Deutschland in ein Ministeramt: Moritz Ellstädter wurde badischer Finanzminister.

Weinbrenner baut für alle

In Karlsruhe baute er die Synagoge, die evangelische Stadtkirche sowie ihr katholisches Pendant: Friedrich Weinbrenner (1766–1826) hat die Residenzstadt geprägt wie kein anderer Architekt.

Zahlreiche öffentliche Gebäude und Repräsentativbauten trugen die klassizistische Handschrift des großherzoglich-badischen Oberbaudirektors. Überall im Großherzogtum entstanden Bauwerke mit einem hohen Wiedererkennungswert nach Plänen von Weinbrenner und seinen Schülern. So sorgte die Architektur mit dafür, dass Alt- und Neubadener sich im ganzen Großherzogtum zuhause fühlen konnten. Zu Weinbrenners Schülern gehörten Heinrich Hübsch (1795–1863), der sich zum großen badischen Baumeister der Romantik entwickelte, und Friedrich Eisenlohr (1805–1854), der in der Aufbauphase der badischen Eisenbahn für etliche Bahnhofsbauten zwischen Mannheim und Freiburg verantwortlich zeichnete.

Politische Teilhabe: Die Verfassung

Ein Gefühl der Verbundenheit mit einem Staat kann auch durch Mitbestimmung entstehen. Im Großherzogtum sollten die Bürger nicht nur Untertanen sein, die brav ihre Steuern bezahlten – durch die Verfassung von 1818 wurden ihnen Partizipationsrechte bei der Landespolitik eingeräumt. Die Verfassung, die der Finanzrat Karl Friedrich Nebenius (1784–1857) ausarbeitete und der todkranke Großherzog Karl in Griesbach billigte, gilt als die liberalste ihrer Zeit in Deutschland. Sie beinhaltete einen Katalog der staatsbürgerlichen Rechte, zu denen unter anderem die Gleichheit vor dem Gesetz, die Freiheit des Eigentums und der Religionsausübung, aber auch die unterschiedslose Steuerpflicht und die Abschaffung von Privilegien bei der Besetzung von Staatsämtern zählten. Außerdem sah die Verfassung eine in zwei gleichberechtigte Kammern gegliederte „Ständeversammlung" vor, die den Staatshaushalt billigen und an Landesgesetzen mitwirken sollte.

Der Ersten Kammer gehörten die Prinzen des Großherzoglichen Hauses, die mediatisierten ehemaligen Reichsfürsten sowie Vertreter des grundherrlichen Adels an, außerdem je ein Repräsentant der katholischen und der evangelischen Kirche sowie der Universitäten Heidelberg und Freiburg und einige vom Großherzog ernannte Mitglieder. In der Zweiten Kammer hingegen saßen die Vertreter der verschiedenen Landes-

Die Alte Karlsruher Synagoge: Der Weinbrenner-Bau ging 1871 in Flammen auf, die Ruine wurde abgerissen. – Kupferstich, vermutlich von Peter Wagner, um 1810.

teile, die von der Bevölkerung gewählt wurden. Das Wahlrecht hatten freilich nur Männer. Sie wählten auch nicht geheim, sondern öffentlich, nicht direkt, sondern mit einem Wahlmännersystem. Wer kandidieren wollte, musste über ein bestimmtes Einkommen verfügen. Das führte dazu, dass das gehobene Bürgertum und gut besoldete Staatsdiener die Zweite Kammer dominierten.

Gesetzesvorschläge konnte der Landtag nicht selbst ausarbeiten; er sollte sich lediglich mit den Vorlagen befassen, die vom Großherzog beziehungsweise von seiner Regierung eingebracht wurden. Das Recht auf politische Teilhabe unterlag also vielfachen Einschränkungen. Und doch: Mit der Verfassung hatte Großherzog Karl aus eigener Machtvollkommenheit mit dem Absolutismus gebrochen. In Baden war das Zeitalter der konstitutionellen Monarchie angebrochen.

Großherzog Karl starb wenige Wochen, nachdem er die Verfassung unterzeichnet hatte, im Alter von nur 32 Jahren. Sein 55-jähriger Onkel Ludwig, der ihm auf den Thron folgte, betrachtete die politischen Mitwirkungsmöglichkeiten des Landtags als Ärgernis und hätte sie am liebsten gleich wieder abgeschafft. Um eine möglichst willfährige Zweite Kammer zu bekommen, schreckte seine Regierung vor Wahlmanipulationen nicht zurück. Bestärkt fühlte sich Ludwig durch die Politik des Deutschen Bundes, dem Baden seit 1815 angehörte. Um die sich ausbreitende National- und Freiheitsbewegung zu unterdrücken, beschloss der Deutsche Bund bei einer Konferenz im tschechischen Karlsbad ein Maßnahmenbündel, zu dem die Zensur von Zeitungen gehörte. Auch sollten die Universitäten, die als Brutstätten von revolutionärem Gedankengut galten, überwacht und „gesäubert" werden. Die Karlsbader Beschlüsse, die während der 1820er-Jahre in Deutschland für „Friedhofsruhe" sorgten, hatten massive Auswirkungen auf das politische Klima in Baden.

Biedermeier lässt grüßen

Die Biedermeierzeit – da denkt man an Spitzenunterhöschen, die keusch unter Frauenröcken hervorlugen, an schöne Möbel mit leicht geschwungenen Formen, an idyllische, bisweilen rührselige Genrebilder – alles in allem an bürgerliche Behaglichkeit und familiäre Geborgenheit, aber auch an Enge und Spießertum. Der Herr Biedermeier, der der Epoche von 1815 bis 1848 den Namen gab, war ein Geschöpf aus Baden. Unter dem Pseudonym „Gottlieb Biedermaier" veröffentlichten der Heidelberger Mediziner Adolf Kussmaul (1822–1902) und der Jurist Ludwig Eichrodt (1827–1892), der später Oberamtsrichter in Lahr wurde, in der humoristischen Zeitschrift „Fliegende Blätter" Gedichte. Mit ihren Versen nahmen die gebildeten Herren die naive und unfreiwillig komische Lyrik des Schulmeisters Samuel Sauter (1766–1846) aus Flehingen im Kraichgau auf die Schippe. Ihre Kunstfigur Gottlieb Biedermaier wurde zum Typus des treuherzigen und unpolitischen Spießbürgers, der das Bild der Epoche in den Augen der Nachwelt prägte.

Dass es im biedermeierlichen Baden jedoch auch politisch sehr aktive Bürger gab, die sich als Wortführer des Liberalismus profilierten, sorgte bei den reaktionären Regierungen Österreichs und Preußens für Verdruss. Auf ihren Druck hin musste Großherzog Leopold, der 1830 seinem Halbbruder Ludwig auf den Thron gefolgt war, eine in der Ständeversammlung durchgesetzte liberale Pressegesetzgebung zurücknehmen und die Zensur wieder einführen. Nach dem Hambacher Fest vom 27. Mai 1832, der großen demokratischen Demonstration in der nahen Pfalz, stand Baden ganz im Zeichen der Restaurationspolitik. Trotzdem konnte die Regierung das Erstarken der Liberalen nicht verhindern. Großherzog Leopold reagierte darauf in den 40er-Jahren mit einem halbherzigen Kurswechsel.

Die Revolution 1848/49

Es war ausgerechnet das Erstarken der Liberalen, das Mitte der 1840er-Jahre zu einer Spaltung der Opposition führte. Die gemäßigten Liberalen betrachteten den Kurswechsel des Großherzogs als Chance und setzten auf eine Politik der kleinen Schritte. Die Radikalen hingegen wollten die konstitutionelle Monarchie zugunsten einer Republik abschaffen. Sie waren insbesondere in Konstanz und Mannheim stark, wo mit Joseph Fickler (1808–1865) und Gustav Struve (1805–1870) zwei Zeitungsmänner entschieden demokratische Positionen verfochten.

Stärker als die Gemäßigten widmeten sich die Radikalen der sozialen Frage, die durch schwere Wirtschafts- und Agrarkrisen an Brisanz gewann. Die Radikalen konnten sich in der Zweiten Kammer jedoch nicht zur dominierenden Kraft aufschwingen. Sie verbuchten allerdings einen enormen Prestigesieg, als der populäre Abgeordnete Friedrich Hecker (1811–1881), ein Anwalt aus Mannheim, aus Frust über die Zögerlichkeit seiner liberalen Mitstreiter öffentlich zu den Linken übertrat.

Die französische Februarrevolution 1848 brachte den Deutschen Bund in Bedrängnis. Ganz besonders gärte es in Baden, wo nach dem Zusammenbruch des Bankhauses Salomon von Haber den drei größten Fabriken des Landes das Aus drohte. Zwar wurde das Bestehen der Keßlerschen Maschinenfabrik in Karlsruhe, der Spinnerei und Weberei in Ettlingen sowie der Zuckerfabrik in Waghäusel schließlich durch eine staatliche Garantie sichergestellt, doch die „Drei-Fabriken-Frage" war in den Zeiten der Massenarmut längst nicht der einzige Brandherd. Im Hinterland, vor allem im Odenwald und an Main und Tauber, gab es massive Proteste der hungernden Bevölkerung. Dabei kam es auch zu Stürmungen von Rentämtern und zu Plünderungen von Herrensitzen. Angesichts der kritischen Situation war die großherzogliche Regierung zu Konzessionen bereit, selbst radikale Forderungen fanden Gehör. Die gemäßigten Liberalen frohlockten, doch der linke Flügel der Opposition wollte nicht weniger, als der Monarchie den Todesstoß versetzen. Mehrere große Volksversammlungen fanden in Offenburg statt, das dank der Eisenbahn für Demokraten aus Nord und Süd gut zu erreichen war.

Im April 1848 hielt Friedrich Hecker die Zeit für reif, den bewaffneten Kampf für die Republik aufzunehmen. Mit 50 Mann brach er in Konstanz auf, überzeugt davon, dass die Schar seiner Freischärler schnell anwachsen würde. Doch Hecker hatte das revolutionäre Potenzial der südbadischen Bauern überschätzt. Mehr als ein paar Hundert Mann bekam er nicht zusammen. Bei Kandern trafen die Freischärler auf badische und hessische Truppen. Sie waren hoffnungslos unterlegen. Auch andere revolutionäre Kolonnen, die in Südbaden unterwegs waren, wurden von den regulären Truppen in die Flucht geschlagen. Hecker und sein Mitstreiter Struve entkamen, doch gegen mehrere Tausend Badener wurde ermittelt, etwa 850 wurden verhaftet.

Friedrich Hecker sah keine Chance mehr, seine politischen Ziele zu erreichen, er wanderte nach Amerika aus. Gustav Struve hingegen hoffte, in einem zweiten Anlauf doch noch zu siegen und nicht nur Baden, sondern ganz Deutschland aus dem Fürstenjoch zu befreien. Im September 1848 überschritt er mit seinen Gefolgsleuten bei Basel die Grenze. In Lörrach ließ er das Rathaus besetzen und rief die Republik aus. Es gelang ihm jedoch nicht, sich die breite Unterstützung der Bevölkerung zu sichern, sodass die regulären Truppen erneut leichtes Spiel hatten.

Frauen gehen auf die Barrikaden

An der Seite Gustav Struves zog auch seine Frau ins Feld. Amalie Struve (1824–1862) wollte sich nicht damit begnügen, Fahnen zu sticken, Verwundete zu pflegen oder Gräber zu schmücken. Nicht einmal eine mehr als 200 Tage dauernde Gefängnisstrafe im Freiburger Turm konnte ihren Mut brechen. Dabei mussten Frauen wie Amalie Struve, Emma Herwegh, Elise Blenker oder Mathilde Franziska Anneke, die auf die Barrikaden gingen, nicht nur um Freiheit und Leben, sondern auch um ihre „Ehre" fürchten. In einer Flut von Flugblättern und Zeitschriften wurden sie als *Flintenweiber* und *Banditenbräute* geschmäht oder als *Alkoholikerinnen* und *Dirnen* verhöhnt. Selbst in den Reihen der Revolutionäre stießen die weiblichen Mitstreiterinnen auf Misstrauen und bisweilen auf offene Ablehnung. Emanzipation galt als Schimpfwort. Der Gedanke, dass Frauen ein Recht haben könnten, sich politisch zu engagieren, war selbst Radikalen zu radikal. Man(n) neigte dazu, die Freiheit, die die „Amazonen" einforderten, als sexuelle Freizügigkeit zu interpretieren – und drängte die mutigen Frauen damit ins gesellschaftliche Abseits.

Das Volk regiert – ein paar Wochen lang

König Friedrich Wilhelm IV. von Preußen lehnte es entschieden ab, die Kaiserkrone anzunehmen, an der *der Ludergeruch der Revolution* haftete. Damit war die von der Frankfurter

Amalie Struve schloss sich den Freiheitskämpfern an und ging dafür ins Gefängnis. – Aquarellierte Zeichnung, 1848. Stadtarchiv Offenburg.

Paulskirche auf den Weg gebrachte Reichsverfassung im April 1849 gescheitert. Jetzt brachen überall in Deutschland Unruhen aus. In Baden, das die Reichsverfassung anerkannt hatte, erreichten die Aufstände eine besondere Qualität, denn diesmal schlug sich auch das Militär auf die Seite der Revolutionäre. Am 13. Mai floh Großherzog Leopold mit seiner Regierung aus Karlsruhe. Daraufhin übernahm der Landesausschuss der Volksvereine unter Vorsitz des Anwalts Lorenz Brentano (1813–1891) die provisorische Regierung in Baden. Anfang Juni wurden Wahlen zur Verfassunggebenden Landesversammlung durchgeführt.

Aber das Volk regiert nur ein paar Wochen. Bei Waghäusel erlitten die Revolutionäre eine bittere Niederlage, die provisorische Regierung zog sich nach Süden zurück. Großherzog

Leopold hatte Preußen um Hilfe ersucht. 35 000 Mann drangen unter dem Kommando von Prinz Wilhelm, dem späteren deutschen Kaiser, von der Pfalz aus nach Baden vor. Endgültig niedergeschlagen wurde die Revolution am 23. Juli, als die Rastatter Festung fiel. Am 18. August 1849 kehrte Großherzog Leopold nach dreimonatigem Exil an der Seite Wilhelms von Preußen, des „Kartätschen-Prinzen", in seine Residenzstadt Karlsruhe zurück.

„In Rastatt ist die Festung ..."

Die barocke Planstadt Rastatt, einst Residenz des soldatischen Türkenlouis, war seit 1842 zur Bundesfestung ausgebaut worden. Sie sollte dazu dienen, Süddeutschland vor französischen Übergriffen zu schützen und den Oberrhein dauerhaft zu befrieden. Paradoxerweise kämpften beim einzigen Verteidigungsfall in der Geschichte der Rastatter Festung Deutsche gegen Deutsche: 6000 badische Revolutionskämpfer, die sich in Rastatt verschanzt hatten, hielten der preußischen Übermacht drei Wochen lang stand. „Entfestigt" wurde Rastatt erst 1890, obwohl die Stadt bereits 1870/71 durch den deutsch-französischen Krieg und die Annexion von Elsass-Lothringen ihre Grenzlage verlor. Daran, dass die Festung „Badens Glück" sei, wie es im Badnerlied heißt, glaubte zu diesem Zeitpunkt niemand mehr. Durch die Rastatter Bürgerschaft jedenfalls ging ein Aufatmen, als die Festungswälle gesprengt wurden: Nur als „offene Stadt" hatte Rastatt die Chance, Anschluss an die industrielle Entwicklung zu gewinnen.

Die Sieger zeigten demonstrative Härte. Tausenden von badischen Revolutionären wurde vor Stand-, Kriegs- und ordentlichen Gerichten der Prozess gemacht. Etwa 75 Todesurteile wurden gefällt, die Hälfte davon vollstreckt. Wer zu einer Haftstrafe verurteilt wurde, konnte nicht auf eine ehrenvolle Festungshaft hoffen, sondern musste – wie ein gewöhnlicher Krimineller – ins Zuchthaus. Zehn Jahre Haft waren die Regel. Viele Gefangene überlebten das nicht.

Die preußischen Standgerichte und das harte Vorgehen der Besatzer gegen die Anhänger der Revolution führten zu einer Verbitterung der Bevölkerung, die im „Badischen Wiegenlied" ihren Niederschlag fand. Gedichtet wurde es allerdings nicht von einem Badener, sondern von dem württembergischen Demokraten Ludwig Pfau:

„Schlaf, mein Kind, schlaf leis,
dort draußen geht der Preuß.
Deinen Vater hat er umgebracht,
deine Mutter hat er arm gemacht.
Und wer nicht schläft in stiller Ruh,
dem drückt der Preuß die Augen zu…"

Für alle Zeiten verloren gab der Dichter die Sache der Revolution jedoch nicht:

„Gott aber weiß, wie lang er geht,
bis dass die Freiheit aufersteht,
Und wo dein Vater liegt, mein Schatz,
da hat noch mancher Preuße Platz…"

Das Scheitern der Revolution bedeutete nicht nur für die Radikalen, auch für die gemäßigten Liberalen eine schwere Niederlage. In Baden herrschte Kriegsrecht und unter dem Druck Preußens wurden fast alle liberalen Errungenschaften der Jahre 1848/49 rückgängig gemacht. Das Land befand sich im Würgegriff der Reaktion.

Tausende verlassen das Land

Schon vor der Revolution hatte es in Baden Auswanderungswellen gegeben, die in den wirtschaftlichen Krisenjahren 1816/17, 1832/33 und 1846/47 ihre Höhepunkte erreichten. Nach dem Scheitern der Revolution stiegen die Auswandererzahlen erneut signifikant an. In den Jahren unmittelbar nach dem Fall der Rastatter Festung verließen rund 80 000 Menschen Baden. Darunter waren wohl wieder etliche, die aus nackter Not ihre Heimat verließen, doch der Anteil der politischen Flüchtlinge dürfte erheblich gewesen sein. Unter den

„Forty Eighters", den „48ern", die in die USA emigrierten, waren Friedrich Hecker, Gustav und Amalie Struve sowie Lorenz Brentano.

Großherzog Friedrich I. und sein liberales Musterländle

Dass die Liberalen bald wieder Aufwind bekamen, war nicht zuletzt den Zufälligkeiten der Erbfolge zu verdanken: 1852 starb Großherzog Leopold. Da der Erbprinz, Ludwig II., wegen einer Geisteskrankheit nicht regierungsfähig war, kam sein jüngerer Bruder Friedrich I. (1826–1907) ans Ruder, zunächst als Prinzregent, seit 1856 als Großherzog. Als er 1860 zwei konservative Minister durch Liberale ersetzte, begann in Baden die „Neue Ära".

Friedrich I. hatte beim Studium in Heidelberg und Bonn liberales Gedankengut kennengelernt. Die Erfahrungen der Revolution spornten ihn an, die Aussöhnung von Volk und Herrscherhaus zu seiner Lebensaufgabe zu machen. Tatkräftig unterstützt wurde Friedrich dabei von seiner Frau Luise, einer preußischen Prinzessin. Während seiner 55-jährigen Regierungszeit wuchs Friedrich I. in die Rolle des allseits verehrten Landesvaters hinein und Baden wurde zum „liberalen Musterländle".

Die Liberalen und mit ihnen die Vertreter des Besitz- und Bildungsbürgertums wurden zur staatstragenden Partei im Großherzogtum des ausgehenden 19. Jahrhunderts. 1869 erfolgte die förmliche Gründung als Nationalliberale Partei. Dass sie bis ins 20. Jahrhundert hinein die stärkste Landtagsfraktion stellten, verdankten die Nationalliberalen zuvörderst dem in Baden geltenden Wahlmännerverfahren. Aus gutem Grund bekämpfen sie die Idee des direkten und allgemeinen Wahlrechts als *Instrument des sozialen Umsturzes*. Tatsächlich verschoben sich nach der Wahlrechtsreform 1904 die politischen Kräfteverhältnisse deutlich.

Das Erstarken der Liberalen schmeckte dem Freiburger Erzbischof Hermann von Vicari (1773–1868) wenig. Vicari, der die Niederschlagung der Revolution als *glorreichen Sieg der gerechten Sache* gefeiert hatte, machte jetzt seinerseits Freiheitsrechte gegenüber dem Staat geltend. Hatte er eben noch Großherzog Leopold als *milden und gütigen Vater des Vaterlands* gerühmt, verweigerte er nun dem Verstorbenen – immerhin einem Protestanten – das von Karlsruhe angeordnete Seelenamt. Nur einen einfachen Trauergottesdienst ließ er durchführen. Dass Vicari zudem staatliche Kirchengesetze außer Kraft setzte, konnte die Regierung nicht hinnehmen.

Der junge Friedrich I. versuchte in direkten Verhandlungen mit dem Heiligen Stuhl einen Kompromiss zu erreichen. Die dabei ausgehandelte Konvention von 1859 hätte der katholischen Kirche in Baden wieder mehr Freiheiten bei der Stellenbesetzung, der Ausbildung der Geistlichen und der Vermögensverwaltung beschert. Doch die Konvention scheiterte – nicht in Rom, sondern im Karlsruher Ständehaus: Die Mehrheit in der Zweiten Kammer war überzeugt davon, dass eine erstarkte katholische Kirche sich zur ernsthaften Gefahr für den badischen Staat entwickeln würde.

Die Ultramontanen

Dass sich auch zahlreiche Priester liberales Gedankengut zueigen gemacht hatten und die aufgeklärte Geistlichkeit alte Bräuche wie die Heiligenverehrung zunehmend in Frage stellte, verunsicherte vor allem im ländlichen Raum viele Katholiken. Die Angst griff um sich, dass Aufklärung und Liberalismus in einer völligen Entchristlichung münden würden. So bildete sich zunächst eine gegen die Modernisierung gerichtete innerkirchliche Opposition. Nur als Glied einer straff hierarchisch geordneten Kirche glaubte man, den Kampf gegen den liberalen Zeitgeist gewinnen zu können. Der „Oberbefehlshaber", dem es bedingungslos zu gehorchen galt, war der Papst, der „jenseits der Berge" *(ultra montes)* in Rom saß. Daher rührt die Bezeichnung, die sich für diese Bewegung eingebürgert hat: der Ultramontanismus.

Die Ultramontanen setzten sich in der innerkirchlichen Auseinandersetzung durch, allerdings waren nicht alle Katholiken bereit, diesen Weg mitzugehen. In der Folge des Ersten Vatikanischen Konzils kam es 1870 zur Abspaltung der Alt-Katholiken, die das Dogma von der Unfehlbarkeit des Papstes in Glaubensfragen nicht anerkannten. Die Alt-Katholiken wurden von badischen Liberalen nach Kräften gefördert, fanden jedoch nicht die erhoffte breite Resonanz in der Bevölkerung.

Um die Gläubigen bei der Stange zu halten, griffen die Ultramontanen zu ausgesprochen modernen Mitteln: Sie bauten ein engmaschiges Vereinsnetz unter geistlicher Kontrolle auf, das dem römisch-katholischen Bevölkerungsteil ein reges gesellschaftliches Leben unter weitestgehender Abschottung von konkurrierenden Einflüssen ermöglichte. Auch eine eigene politische Partei entstand: die katholische Volkspartei, das Zentrum. Sie sollte sich zur stärksten Oppositionspartei im Großherzogtum entwickeln.

Priester im Gefängnis

Die Reformen der badischen Kirchengesetze mussten von katholischer Seite schon deswegen als Provokation aufgefasst werden, weil sie der Kirche einseitig von Monarch und Landtag aufgezwungen wurden. Erzbischof Vicari sprach dem Staat entschieden das Recht ab, *die Seelen zu beherrschen.* Dass ein weltlicher Oberschulrat die kirchliche Schulaufsicht ablösen sollte, Neupriester vor ihrer Einstellung eine staatliche Prüfung in allgemeinbildenden Fächern ablegen mussten, dass die obligatorische Zivilehe eingeführt und die konfessionell gemischte Schule in Baden zur Regelschule wurde – das alles waren in den Augen der katholischen Kirche Schritte zur völligen Entkonfessionalisierung. Nach dem Tod Vicaris 1868 blieb der Stuhl des Freiburger Erzbischofs über ein Jahrzehnt lang unbesetzt, weil Kirche und Staat sich nicht auf einen Nachfolger einigen konnten.

Der „Kulturkampf" wurde auf beiden Seiten mit wachsender Erbitterung und intensiver noch als in Preußen geführt. Da Neupriester ohne staatliches Kulturexamen bei der Ausübung ihrer Tätigkeit verhaftet werden konnten, saß 1875 fast der gesamte Weihejahrgang im Gefängnis. Erst in den 80er-Jahren begann sich das Verhältnis von römisch-katholischer Kirche und badischem Staat allmählich zu entspannen.

Baden im Kaiserreich

In der nationalen Frage setzte Baden auf die kleindeutsche Karte: Im Nationalstaat unter preußischer Führung und unter Ausschluss des Vielvölkerstaats Österreich sahen Großherzog Friedrich I. und seine Liberalen die deutsche Zukunft. Der vom preußischen Ministerpräsidenten Otto von Bismarck provozierte deutsch-französische Krieg schuf die emotionale Grundlage für die Reichsgründung: Die siegreiche „Abwehr des Erbfeindes" einigte die deutschen Staaten.

Der nationale Überschwang erfasste weite Bevölkerungskreise. Doch das deutsche Kaiserreich war keine Gründung des Volkes, sondern ein Fürstenbund. Weitaus stärker als der Deutsche Bund beschnitt das Kaiserreich die Souveränitätsrechte der 25 Einzelstaaten, deren Interessen durch den Bundesrat vertreten wurden. Die Außenpolitik wurde nunmehr in Berlin gemacht, zudem verlagerte sich die Gesetzgebung weitgehend auf die Reichsebene. Vorrechte, die sich einzelne Staaten ausbedungen hatten – Württemberg und Bayern deutlich mehr als Baden –, schliffen sich rasch zugunsten der Zentralgewalt ab. Die Reichstagswahlen wurden von den Menschen in Baden bald für wichtiger befunden als die Landtagswahlen.

In der badischen Bevölkerung blieben Ressentiments gegen die Preußen noch lange spürbar. Allerdings erschrak man nicht mehr beim Anblick ihrer Uniformen, schließlich waren die badischen Regimenter in die preußische Armee eingegliedert worden. Lediglich der Greif (das Wappentier der Badener) auf dem Helm, die Kokarde und die Fahnen erinnerten daran, dass die königlich-preußischen Einheiten *mit den hohen Hausnum-*

mern einst zum selbstständigen badischen Heer gehört hatten. In Karlsruhe wurde zudem als *Pflanzstätte für die Offiziere der Armee* eine preußische Kadettenanstalt eingerichtet. In dieser Einrichtung drillte man elf- bis 14-jährige Buben darauf, militärische Hierarchien und bedingungslosen Gehorsam als Lebensprinzip zu verinnerlichen.

Das Hoch auf Kaiser Wilhelm

Ein „Deutscher Kaiser" an der Spitze des Reiches: Mit diesem Titel sollte die Stellung Wilhelms I. als „Primus inter pares", als Erster unter Gleichen, nämlich unter den deutschen Fürsten, festgelegt werden. Doch der greise Preußen-König machte Reichsgründer Otto von Bismarck einen Strich durch die Rechnung. Er versteifte sich auf die Bezeichnung „Kaiser von Deutschland", womit er wegen des damit verbundenen Machtanspruchs die Bundesstaaten

Der badische Großherzog Friedrich I. lässt Wilhelm I. hoch leben: Kaiserproklamation in Versailles nach dem Gemälde von Anton von Werner. – Bronzerelief am Kaiser-Wilhelm-Denkmal in Karlsruhe.

vor den Kopf stoßen musste. Es war nicht ausgeschlossen, dass es bei der Kaiserproklamation im Spiegelsaal von Versailles zum Eklat kommen würde. Der Großherzog von Baden hatte die Ehre, seinen Schwiegervater am 18. Januar 1871 zum Kaiser auszurufen. Als Mann des Ausgleichs wusste Friedrich I. die Klippe sensibel zu umschiffen. Er nahm weder den „Deutschen Kaiser" noch den „Kaiser von Deutschland" in den Mund. Stattdessen rief er: *Seine kaiserliche und königliche Majestät, Kaiser Wilhelm, lebe hoch! Hoch! Hoch!*

Von großer wirtschaftlicher Bedeutung für das Großherzogtum war die Einverleibung von Elsass-Lothringen in das neue Reich, durch das Baden den Status als Grenzland verlor. Sicherheitspolitische Erwägungen und historische Argumente dienten zur Rechtfertigung der Annexion (bis 1648 hatten das Elsass und Teile Lothringens zum Heiligen Römischen Reich gehört). Für das Selbstbestimmungsrecht der betroffenen Menschen im „Reichsland" interessierten sich die Sieger wenig. So hielt es etwa der preußische Historiker Heinrich von Treitschke für durchaus legitim, den Elsässern *wider ihren Willen ihr eigenes Selbst* zurückzugeben.

Industrialisierung: In Mannheim die Fabrik

Mannheim, die am Rande des Großherzogtums gelegene ehemalige Residenz der Kurfürsten von der Pfalz, entwickelte sich im 19. Jahrhundert zur wichtigsten Handels- und Industriestadt Badens. Anders als die linksrheinische Nachbarstadt Ludwigshafen, die zum Zentrum der Chemieindustrie wurde, war Mannheim kein monoindustrieller Standort. Neben Chemie und Maschinenbau waren die Gummiindustrie, der Textilbereich, die Papierindustrie und das Baugewerbe stark vertreten. 1905 wurden in der Stadt, die dem Badnerlied zufolge „die Fabrik" beherbergt, 687 industrielle Betriebe gezählt, in denen nahezu 27 000 Menschen beschäftigt waren.

Die Textilindustrie brauchte Farben, denn Naturfarbstoffe konnten den Bedarf nicht mehr decken. Nachdem in London William H. Perkin beim Experimentieren mit Steinkohleteer den ersten künstlichen Teerfarbstoff „Mauvein" entdeckt hatte, begannen überall in Europa Chemiker mit synthetischen Farbstoffen zu experimentieren. Friedrich Engelhorn (1821–1902), der Besitzer einer Leuchtgasfabrik in Mannheim, erkannte, welche Möglichkeiten der in seinem Unternehmen anfallende Steinkohleteer bot. 1861 startete er die Herstellung von Fuchsin, einem roten Farbstoff, und Anilin, dem aus Steinkohleteer gewonnen Ausgangsstoff. Engelhorn wollte in ganz großem Stil produzieren: 1865 gründete er die Aktiengesellschaft „Badische Anilin- & Soda-Fabrik" (BASF). Doch der in Mannheim geplante Geländeerwerb scheiterte – und so entstanden die Fabrikbauten des heute weltweit agierenden Chemie-Unternehmens am gegenüberliegenden Rheinufer: im pfälzischen Ludwigshafen, das damals zum Königreich Bayern gehörte.

Blick auf den Mannheimer Hafen mit Lagerhalle der Mannheimer Lagerhaus-Gesellschaft. – Postkarte, um 1905.

Dass Mannheim für Handel und Industrie so attraktiv war, lag vor allem an seiner verkehrsgünstigen Lage. Durch den Rheinhafen wurde die Stadt zum Bindeglied zwischen Wasser und Schiene und zur Drehscheibe im Südwesten. Die wirtschaftliche Bedeutung schlug sich in den rasant wachsenden Einwohnerzahlen nieder: Rund 39 600 Menschen wohnten 1871, also im Jahr der Reichsgründung, in Mannheim. Um die Jahrhundertwende hatte sich die Zahl der Einwohner verdreifacht, um 1910 nahezu verfünffacht.

Der Badische Bahnhof in Basel

Das Eisenbahnzeitalter hatte in Baden mit der 1840 eröffneten Strecke zwischen Mannheim und Heidelberg begonnen. 1851 gab es bereits eine durchgehende Schienenverbindung über Karlsruhe bis Haltingen (heute ein Stadtteil von Weil am Rhein) kurz vor der Schweizer Grenze. Das Großherzogtum verständigte sich mit der Schweiz darauf, in Basel einen „Badischen Bahnhof" zu errichten, um die Verbindung nach Säckingen und Konstanz zu schaffen. Der Badische Bahnhof wurde Anfang des 20. Jahrhunderts verlegt, existiert aber nach wie vor als deutscher Bahnhof auf Schweizer Staatsgebiet und ist nur etwa fünf Kilometer vom „Schweizer Bahnhof" in Basel entfernt.

Die Bahn bringt Maggi nach Singen

Für Unternehmer lohnte es sich, in Städten mit Bahnanbindung zu investieren. Wo sich Industrie ansiedelte, war in der Regel wiederum ein deutliches Bevölkerungswachstum zu registrieren. So war Singen am Hohentwiel ein kleiner und wirtschaftlich unbedeutender Ort, bis die Eisenbahn kam. Unweit von Singen kreuzten sich zwei wichtige Strecken der Badischen Staatsbahn: Konstanz-Basel (1863 eröffnet) und Konstanz–Offenburg (1866). Der Lebensmittelfabrikant Julius Maggi (1846–1912) aus der nahen Schweiz nutzte die neuen Verkehrswege zunächst, um seine Fertig-Produkte nach Deutsch-

Maggi-Auslieferung per Fahrrad: Die Fertigprodukte aus Singen wurden in vielen Haushalten des ausgehenden 19. Jahrhunderts begeistert aufgenommen. – Kolorierte Fotografie, um 1900.

land zu transportieren. Dann entschloss er sich, in Singen selbst für den deutschen Markt zu produzieren. Bezeichnenderweise wurde das Fabrikgebäude unweit vom Bahnhof errichtet. Maggis Beispiel machte Schule. Innerhalb weniger Jahre wuchs das ehemalige Bauerndorf zu einem südbadischen Industrie- und Handelszentrum, es wurde 1899 zur Stadt erhoben.

Der Regelverstoß der Badischen Staatsbahn

Die ersten Eisenbahnen, „Loewe" und „Greif", hatte die Badische Staatsbahn noch in Manchester bauen lassen. Ein Jahr später, im Jahr 1841, lieferte der Karlsruher Maschinenbau-Unternehmer Emil Kessler seine erste Lokomotive, die „Badenia", aus.
Die badischen Eisenbahnen der frühen Jahre hatten eine wenig zukunftsträchtige Eigenart: Im Großherzogtum ignorierte man die englische Regelspurweite von 1435 Millimetern. Stattdessen for-

derte man für alle Schienenfahrzeuge eine Spurweite von 1600 Millimetern. Dieser Regelverstoß erwies sich rasch als problematisch, denn das benachbarte Württemberg, die bayerische Pfalz, Frankreich und die Schweiz orientierten sich am englischen Vorbild. Da sie den Anschluss nicht verlieren wollten, sahen sich die Badener bereits 1853/54 genötigt, Gleise und Fahrzeuge an die Regelspurweite anzupassen.

Die Welt auf Räder gestellt

Der Karlsruher Unternehmer Emil Kessler (1813–1867), der 1846 im württembergischen Esslingen eine weitere Maschinenfabrik gründete, gilt als ein Pionier des Eisenbahnwesens. Häufig wird er in einem Atemzug genannt mit zwei weiteren Badenern, die die Welt auf Räder stellten: Der eine war der zu seinen Lebzeiten viel verspottete Karl Friedrich Drais von Sauerbronn (1785–1851), der als Erfinder des Zweirades gilt. Wie schnell man sich mit seiner „Laufmaschine", der Vorläuferin des Fahrrads, fortbewegen konnte, stellte er 1817 bei einer Draisinen-Fahrt von Mannheim nach Rheinau unter Beweis.

Auch das Automobil hat einen badischen Vater: Carl Benz (1844–1929), Sohn eines Lokomotivführers, erhielt 1886 das Patent auf das erste Fahrzeug mit Verbrennungsmotor. Auf allgemeines Interesse stieß die pferdelose, dreirädrige Kutsche des in Mühlburg (heute Stadtteil von Karlsruhe) geborenen Erfinders aber erst, als zwei Jahre später Bertha Benz die erste Überlandfahrt wagte: Ohne ihren Mann zu informieren, fuhr sie im August 1888 mit den Söhnen Eugen und Richard auf dem Benz-Patent-Motorwagen „Modell 3" von Mannheim über Ladenburg, Wiesloch und Bruchsal nach Pforzheim.

1883 hatte der Erfinder die *Benz & Cie. Rheinische Gasmotorenfabrik Mannheim* gegründet. Das Unternehmen fusionierte 1926 mit der schwäbischen Daimler-Motoren-Gesellschaft zur Daimler-Benz AG mit der Hauptverwaltung in Stuttgart-Untertürkheim. Als sich das Unternehmen 1998 zeitweilig mit der amerikanischen Chrysler Corporation zusammenschloss, wurde der Name *Benz* abgehängt. Heute firmiert das Unternehmen sehr zum Verdruss vieler Badener unter der Bezeichnung Daim-

Ein Badener hat das Auto erfunden: Carl Benz am Steuer seines ersten Wagens. – Fotografie, ca. 1925.

ler AG. Zumindest sprachlich halten die Betriebsangehörigen in den Werken Mannheim, Rastatt und Gaggenau dem Automobilerfinder jedoch die Treue: Sie *arbeiten beim Benz.*

Auch wenn die Folgen der Industrialisierung unübersehbar waren – Baden blieb bis ins 20. Jahrhundert hinein agrarisch geprägt. Noch 1903 wurde die *Dezentralisation und das Wohnen der Arbeiter auf dem Lande* als *charakteristisch für die badische Industrie* beschrieben. Das lag unter anderem daran, dass zwei für Baden wichtige Industrien, die Tabak- und die Textilindustrie, ihren Sitz überwiegend in den Landgemeinden am Rhein, in den Flusstälern des Schwarzwalds und am Bodensee hatten. Aber auch die in den Industriestädten Mannheim, Pforzheim, Karlsruhe und Durlach beschäftigten Industriearbeiter wohnten längst nicht alle in der Stadt, sondern zu einem großen Teil in den umliegenden Ortschaften. Der großherzogliche Fabrikinspektor Rudolf Fuchs stellte 1904 fest: *Es ist so weit gekommen, dass Arbeiter aus Entfernungen von 20, ja 25 Kilometern täglich am frühen Morgen mit der Bahn von ihren Dörfern der Stadt zueilen und spät am Abend zu den ihrigen zurückkehren.*

Die Elektrifizierung beschleunigte den Industrialisierungsprozess. 1898 ging das älteste Flusskraftwerk Europas bei Rheinfelden in Betrieb. Ermöglicht wurde das technische Wunderwerk durch die Zusammenarbeit von Baden und der Schweiz: Im April 1894 hatten der Kanton Aargau und im Mai 1895 das Großherzogtum den damaligen Kraftübertragungswerken Rheinfelden (KWR) die notwendigen Konzessionen zum Betrieb des Wasserkraftwerks am Hochrhein erteilt.

Während das Kraftwerk in Rheinfelden und das in Wyhlen (1912) am Flussufer errichtet wurden, entstand in Laufenburg 1909 bis 1914 das erste Wasserkraftwerk, das quer zum Fluss gebaut wurde. Mit einer Leistung von 40 Megawatt war es zu jener Zeit das leistungsstärkste in Europa. Mit dem Rudolf-Fettweis-Werk in Forbach (1914) und dem Schluchseewerk (1928) wurden auch die Wasserkräfte des Schwarzwaldes genutzt.

Industriebauern: Männer in der Fabrik, Frauen auf dem Feld

Die hohe Zahl der Pendler und Nebenerwerbslandwirte war eine südwestdeutsche Besonderheit. Weil die Landwirtschaft ihre Existenz nicht mehr sicherte, suchten die „Industriebauern" ihr Auskommen in den Städten. Während sich Männer und Mädchen als Fabrikarbeiter verdingten und – inklusive Arbeitsweg – häufig 14 bis 15 Stunden lang außer Haus waren, oblag es den Ehefrauen, sich um Felder und Nutztiere zu kümmern. Rudolf Fuchs berichtete 1904 von seinen Fahrten ins Karlsruher Umland: *Wenn man durch die Felder der Gemeinden wandert, so überrascht die auffallend große Zahl feldarbeitender Frauen; sie versehen auch jene Arbeiten, die in rein bäuerlichen Bezirken die Domäne der Männer bilden: das Fahren, das Pflügen, das Säen und das Mähen der Wiese ….*

Da Frauen in den Fabriken deutlich schlechter bezahlt wurden als Männer (selbst für vergleichbare Arbeiten erhielten sie üblicherweise die Hälfte, manchmal auch nur ein Drittel des Lohnes), gaben sie in der Regel bei der Eheschließung die Industriearbeit – oder das noch kärglicher bezahlte Dienstbotendasein – auf, um neben dem Haushalt die Landwirtschaft zu besorgen. Eine eigene, selbstverantwortliche Haushaltsführung war mit einem Frauenlohn nicht zu verwirklichen. Das bekamen insbesondere Arbeiterinnen zu spüren, die das Unglück hatten, ein uneheliches Kind zu gebären. Mangelnde Ernährung, unzureichende Pflege und ungenügende Beaufsichtigung kosteten viele Babys das Leben. Die badische Fabrikinspektorin Marie Baum, die 1906 die Lebensverhältnisse von Lohnarbeiterinnen untersuchte, kam zu erschreckenden Ergebnissen: Während zu Beginn des 20. Jahrhunderts die allgemeine Säuglingssterblichkeit in der Stadt Karlsruhe bei 20,5 (!) Prozent lag, starben von den unehelich geborenen Kindern 30,6 Prozent noch vor ihrem ersten Geburtstag. Noch krasser waren die Verhältnisse in den „industrialisierten Gemeinden" des Karlsruher Umlands: Dort lag die allgemeine Säuglingssterblichkeit bei 25,5 Prozent, die der unehelich Geborenen bei 40,4 Prozent.

Stroh flechten in Heimarbeit

Reichten der Ertrag des bäuerlichen Kleinbetriebs und der Lohn aus der Fabrikarbeit nicht aus, um die Familie zu ernähren, blieb noch die Möglichkeit, das Haushaltsbudget durch Heimarbeit aufzubessern. Vor allem im Schwarzwald und im Odenwald war es gang und gäbe, dass in den Wohnungen bis in die Nacht hinein gewoben und Stroh geflochten, Kunstblumen und „Schächtele" gefertigt wurden. Neben den Frauen packten in der Hausindustrie mit ihren mageren Löhnen insbesondere die Kinder mit an. Überhaupt war Kinderarbeit auf dem Land deutlich weiter verbreitet als in den Städten.

Die etwas anderen Sozialdemokraten

Die Verwurzelung der Industriebauern in ihren Herkunftsgemeinden und der hohe Katholikenanteil trugen dazu bei, dass die badische Arbeiterschaft im reichsweiten Vergleich nur eine schwache Bindung an die freien Gewerkschaften entwickelte. Auch die Sozialdemokraten konnten im Großherzogtum erst verhältnismäßig spät Fuß fassen. Ihre Hochburgen waren die industrialisierten Städte, vor allem Mannheim. 1899 stellten die Sozialdemokraten mit sieben Abgeordneten in der Zweiten Kammer des Badischen Landtags die drittstärkste Fraktion nach den Nationalliberalen und dem Zentrum. Da die Nationalliberalen in den 90er-Jahren ihre absolute Mehrheit verloren, kam den Stimmen der Sozialdemokraten erhebliche Bedeutung zu.

Die badischen Sozialdemokraten erwiesen sich als Pragmatiker. Mehr als am revolutionären Pathos lag ihnen daran, der Politik in Baden ihren Stempel aufzudrücken. Sie scherten sich wenig darum, dass die deutsche Sozialdemokratie Kooperationen mit bürgerlichen Parteien eigentlich ablehnte. So verbündeten sich die badischen Genossen mit dem Zentrum, den Konservativen, den Freisinnigen und den Demokraten, als es darum ging, gegen die Nationalliberalen das direkte Wahlverfahren im Großherzogtum durchzusetzen. Nach der Verfassungsreform freilich wechselten die Sozialdemokraten die Fronten: Als sich eine absolute Mehrheit des Zentrums abzeichnete, bildeten sie zusammen mit den Nationalliberalen, den Demokraten und den Freisinnigen einen antikatholischen „Großblock" – tatsächlich gelang es diesem Bündnis bei den Stichwahlen 1905, den Triumph des Zentrums zu verhindern. Dass die Nationalliberalen mit den *vaterlandslosen Gesellen* paktierten und die Sozialdemokraten auf diesem Weg „salonfähig" machten, erregte reichsweit Aufsehen. Auch Großherzog Friedrich I. war alles andere als erfreut über die neuen Partner seiner Regierungspartei.

Ein Dorn im Auge waren die Verhältnisse im Großherzogtum aber gleichfalls der SPD-Führung auf Reichsebene: Das unbotmäßige Verhalten der badischen Genossen, die man der *Hofgängerei* bezichtigte, stieß auf herbe Kritik. Insbesondere die Bewilligung des badischen Staatshaushalts durch die sozialdemokratischen Abgeordneten erregte die Gemüter, galt es doch, durch eine konsequente Budgetverweigerung Systemkritik zu üben. Die badischen Sozialdemokraten, die an den Entscheidungen des Landtags maßgeblich beteiligt waren, sahen jedoch keinen Anlass, ihrer eigenen Arbeit die Zustimmung zu verweigern. 1909 wurden die Sozialdemokraten zweitstärkste Fraktion im badischen Landtag nach dem Zentrum und vor den Nationalliberalen.

Der Beitrag der Frauen

Als Musterländle galt Baden der deutschen Frauenbewegung – wenn auch nur dem bürgerlich-gemäßigten Zweig derselben. Großherzogin Luise (1838–1923) hatte sich höchstselbst der Frauenfrage angenommen. Dabei hatte die Tochter Kaiser Wilhelms I. freilich weder eine rechtliche Gleichstellung noch politische Teilhabe im Blick, wie sie von radikalen Frauenrechtlerinnen gefordert wurden. Für Luise wie für einen Großteil der Öffentlichkeit war der natürliche Beruf der Frau derjenige der Hausfrau und Mutter. Allerdings war die Großherzogin überzeugt davon, dass Frauen ohne ihre „Natur" zu verleugnen größere Leistungen für Baden und das Reich erbringen konnten, als ihnen bislang abverlangt wurden. Durch eine zielgerichtete Wohltätigkeit und eine professionalisierte Kinder- und Krankenpflege sollten sie dazu beitragen, die sozialen Spannungen in der sich wandelnden Gesellschaft abzufedern.

Der größte Verein der Kaiserzeit

1859 wurde der interkonfessionell ausgerichtete Badische Frauenverein gegründet. Er zog sich bald wie ein Netz über das Großherzogtum und wurde der größte badische Verein der Kaiserzeit. Dank Großherzogin Luise, die tatkräftig im Zentralkomitee mitarbeitete, konnten die Damen jederzeit auf die Unterstützung der Behörden rechnen. 1908 hatte der Frauenverein 385 Zweigvereine und mehr als 75 000 Mitglieder, 1919 wurden fast 94 000 Mitglieder gezählt. Im ganzen Land unterhielt der Frauenverein Krankenhäuser, Bildungs- und Fürsorgeeinrichtungen.

Die Ausbildung von Krankenschwestern und die Krankenpflege gehörten zu den wichtigsten Standbeinen des Vereins. So gilt die Gründung des Frauenvereins auch als Geburtsstunde der Badischen Schwesternschaft vom Roten Kreuz. Außerdem wurde die Kinderbetreuung professionalisiert. Man hatte sich die Förderung der weiblichen Erwerbsfähigkeit auf die Fahnen geschrieben, dabei aber nicht alle Frauen im Blick, sondern nur die bedauernswerten Geschöpfe, die ohne männlichen Schutz

Großherzogin Luise von Baden eröffnete den Badenerinnen neue Handlungsmöglichkeiten vor allem im sozialen und pflegerischen Bereich. – Fotografie, 1898.

durchs Leben gehen mussten: die Ledigen, die Geschiedenen, die Witwen – alles in allem 60 Prozent der weiblichen Bevölkerung über 15 Jahre.

Als eigentliche Berufung der Frau aber wurde nach wie vor das Dasein als Hausfrau und Mutter propagiert. In diese Richtung zielte auch die Bildungsförderung. 1873 gründete der Badische Frauenverein die erste Haushaltungsschule in Deutschland. Missstände, wie sie in vielen Arbeiterhaushalten herrschten, schrieben die Vereinsdamen weniger den Lebensumständen der betroffenen Familien zu, als den mangelnden Kenntnissen der Hausfrauen. Daher bot man spezielle Koch-, Näh- und Flickkurse für Frauen aus der Arbeiterschicht an. Mit Volksküchen für Notleidende wollte man das schlimmste Elend lindern.

Durch die Aktivitäten des Badischen Frauenvereins, die in enger Zusammenarbeit mit den lokalen Ämtern erfolgten, wuchs zwar die Anerkennung weiblicher Arbeit – gleichwohl blieben die Handlungsspielräume der Frauen eng begrenzt, weil an der „gottgewollten" Arbeitsteilung der Geschlechter nicht gerüttelt wurde. Trotzdem taten sich für die Badenerinnen Einflussmöglichkeiten auf, von denen ihre Vorfahrinnen, aber gleichfalls ihre Geschlechtsgenossinnen in vielen anderen Ländern des Reiches kaum zu träumen gewagt hätten. Im Gesundheits- und Sozialsystem des Großherzogtums spielten die Frauen eine tragende Rolle; ab 1910 schrieb das badische Gemeindegesetz sogar zwingend vor, dass Frauen in bestimmten Gemeindeausschüssen vertreten sein mussten.

Das erste deutsche Mädchengymnasium

Die wissenschaftliche Bildung junger Mädchen voranzubringen lag nicht im Bestreben des Badischen Frauenvereins. Doch das frauenfreundliche Klima im Großherzogtum dürfte dazu beigetragen haben, dass in Karlsruhe das erste deutsche Mädchengymnasium entstand. Initiiert wurde es von dem 1888 von Hedwig Johanna Kettler in Weimar gegründeten Frauenverein Reform (später: Verein Frauenbildungsreform), der das Gymnasium zunächst in Eigenregie betrieb.

Die 1893 eröffnete Schule hatte immense finanzielle Probleme, zudem blieb es jahrelang eine Zitterpartie, ob die Schülerinnen tatsächlich zur Abiturprüfung zugelassen würden. Die Berichte des Oberschulrats, wonach die Gymnasiastinnen *fleißig und wohlgesittet* waren und *keinerlei Anwandlungen von Emanzipationslust* zeigten, scheinen den Karlsruher Bürgerausschuss beeindruckt zu haben. Er beschloss 1898, das Mädchengymnasium der Höheren Mädchenschule anzugliedern und damit zur öffentlichen Schule zu machen. Ein Jahr später legten erstmals vier junge Frauen das Abitur ab.

Die badischen Universitäten öffnen sich für Frauen

Zu den Karlsruher Abiturientinnen von 1899 gehörte Johanna Kappes. Sie wollte Medizin studieren, doch an der Universität Freiburg versagte man ihr zunächst die Immatrikulation. Zwar hatten in der zweiten Hälfte des 19. Jahrhunderts mehrere europäische Länder Frauen den Zugang zur höheren Bildung ermöglicht, aber in Deutschland zierte man sich. Die Universitäten fürchteten um ihren Ruf für den Fall, dass sich *Damen* unter die Studenten mischen würden.

So blieb für Frauen der Besuch von Lehrveranstaltungen an deutschen Hochschulen bis zur Jahrhundertwende vom Wohlwollen einzelner Professoren und von Ausnahmegenehmigungen abhängig. Auch Johanna Kappes erhielt zunächst nur die Erlaubnis, einige Vorlesungen zu besuchen. Damit gab sie sich nicht zufrieden. Sie erwirkte in Karlsruhe einen ministeriellen Erlass, wonach sich die badischen Universitäten für Frauen zu öffnen hatten, die das Reifezeugnis eines staatlichen Gymnasiums vorlegen konnten. Damit ließ Baden im Jahr 1900 als erster deutscher Staat Frauen zum regulären Studium zu. Die Universität Freiburg gestattete Johanna Kappes und vier weiteren „hörenden" Frauen überdies, ihre Einschreibung um ein Semester auf 1899 rückzudatieren. Württemberg öffnete seine Hochschulen erst 1904 für Frauen, Preußen zog 1908 nach.

Johanna Kappes' Karlsruher Mit-Abiturientinnen profitierten ebenfalls von der Hartnäckigkeit der jungen Frau: Rahel Goitein und Georgine Sexauer wurden zum Sommersemester 1900 an der Universität Heidelberg zugelassen: Die eine studierte Medizin, die andere schrieb sich für Philologie ein. Magdalena Meub hingegen, die Apothekerin werden wollte, musste nach der damaligen Ausbildungsordnung zunächst eine Lehr- und Gehilfenzeit absolvieren, ehe sie 1904 ihr Pharmaziestudium aufnehmen konnte. Sie studierte als erste Frau an der Technischen Hochschule Karlsruhe und schrieb als erste approbierte Apothekerin (1906) Deutschlands Berufsgeschichte.

Traditionspflege und Sehnsucht nach Natur

Die Bevölkerung im Großherzogtum entwickelte allmählich trotz aller Gegensätze im Land ein verblüffend starkes badisches Wir-Gefühl. Maßgeblichen Anteil daran hatte das Großherzogenpaar, das dynastische Anlässe wie Herrschergeburtstage, Regierungsjubiläen und Hochzeitstage zu pompösen Festlichkeiten unter Einbeziehung des Volkes nutzte, um die Identifikation der Öffentlichkeit mit dem Haus Baden zu stärken. Bei offiziellen Feiern achteten Friedrich I. und Luise sorgsam darauf, dass die verschiedenen Regionen Badens angemessen repräsentiert waren. Die Pflege historischer Landestrachten wurde zum politischen Programm. Wenn am winkenden Großherzogenpaar Dutzende von Trachtengruppen vorbeimarschierten, veranschaulichte dies auf sehr malerische Weise die Vielfalt der Traditionen in der Einheit des Landes.

In der Schürze wohl versteckt, trage ich was Freude weckt, schau hinein, welch ein Genuß, aus Freiburg ist's ein Ansichts- gruß

Mädchen in badischer Volkstracht. – Ansichtskarte aus Freiburg, um 1900.

Die „Badische Heimat"

Das Bedürfnis nach Traditionspflege war groß in der sich dramatisch verändernden Welt. Der gesellschaftliche und soziale Wandel, die fortschreitende Industrialisierung und Technisierung, die damit verbundenen Eingriffe in Landschaft und Natur – viele Badener sahen die Entwicklung mit Unbehagen. Im Jahr 1909 beschlossen zwei Vereinigungen, der Verein für ländliche Wohlfahrtspflege (Karlsruhe) und der Badische Verein für Volkskunde (Baden-Baden), ihre Kräfte zu bündeln. Damit war die „Badische Heimat" geboren. Zu den Zielen dieses Vereins gehörte es, *Volkstum und Heimat zu erhalten, zu hüten und zu erforschen, für den Schutz der heimischen Landschaft, ihrer Kunst- und Naturdenkmale, ihrer Tier- und Pflanzenwelt zu sorgen, die Volks- und Heimatkunde auszubreiten und seelisch zu fördern, die Familienforschung anzuregen und zu pflegen ...* Die „Badische Heimat" fand regen Zulauf, 20 Jahre nach seiner Gründung hatte der Verein rund 14 000 Mitglieder.

Heute (Stand 2011) zählt der Landesverein etwa 3500 Mitglieder. Als Flaggschiff gilt die Vierteljahreszeitschrift „Badische Heimat" mit bemerkenswerten Aufsätzen zu den Arbeitsgebieten des Vereins. Die Hefte verstehen sich gleichermaßen als Chronik und als Spiegelbild des aktuellen Geschehens in Baden.

Maler und Fotografen begeisterten sich verständlicherweise vor allem für dekorative Trachten. Zunächst erfreute sich die Hotzenwälder Tracht besonderer Beliebtheit, doch der Bollenhut aus Gutach machte ihr zunehmend Konkurrenz. Der einprägsame Strohhut mit den roten Wollbollen, mit dem sich ausschließlich ledige Frauen schmückten (verheiratete Frauen trugen schwarze Bollen), wurde im ausgehenden 19. Jahrhundert zum Synonym für den Schwarzwald und galt als die „badische Tracht" schlechthin. Das hat durchaus kuriose Züge, denn das Amt Hornberg, zu dem Gutach gehörte, war erst 1810 an Baden gefallen und vorher württembergisch gewesen. So entspringt der Bollenhut, der rasch auch von dem an Bedeutung gewinnenden Tourismus vereinnahmt wurde, eigentlich einer württembergischen Tradition.

Touristen zeigen vor einer Leinwand mit Schwarzwaldmotiv stolz ihre Skiausrüstung. – Foto von Johann Karl Berberich, um 1908.

Anfänge des Tourismus

Bildungsreisen gab es schon in früheren Jahrhunderten; da solche Unternehmen aber teuer und beschwerlich waren, hielt sich die Zahl der Reisenden in überschaubaren Grenzen. Im 19. Jahrhundert jedoch gewann das Phänomen des Tourismus rasch an Bedeutung, und neben dem Bildungsdrang trat der Erholungsaspekt immer mehr in den Vordergrund. Zu Ausflüglern und Wanderern gesellten sich die Sommerfrischler: Bei dieser spezifisch deutschen Urlaubsform zogen wohlhabende

Städter mit ihren Familien oft für Wochen aufs Land, um unter einfachen Bedingungen naturnahe Erholung zu suchen.

Der Durchbruch des Fremdenverkehrs war eng mit dem Ausbau des Eisenbahnnetzes verknüpft. Insbesondere für die Bewohner des Schwarzwalds und des Bodenseegebietes bedeutete er eine Chance, neue Erwerbsquellen zu erschließen. 1864 wurde in Freiburg der Schwarzwaldverein gegründet, um *den Schwarzwald und seine angrenzenden Gebiete* besser bekannt zu machen, 1906 folgte der „Badische Landesverband zur Hebung des Fremdenverkehrs."

Die neue Liebe zur Natur ging einher mit einer neuen Freude an der Bewegung. In den schneereichen Gebieten des Schwarzwalds hielten die Ski als Fortbewegungsmittel gegen Ende des 19. Jahrhunderts Einzug. Mit der Eröffnung der Höllentalbahn 1887 wurde der Feldberg zu einem beliebten Ausflugsort für Wintersportler. Als typisches Souvenir des Schwarzwaldtourismus bildete sich die Kuckucksuhr heraus.

… und ruft das Vaterland: Der Erste Weltkrieg

Die Ermordung des österreichisch-ungarischen Thronfolgers in Sarajewo durch serbische Verschwörer löste auch in Baden gewaltige Empörung aus. Als das Vaterland zu den Waffen rief, meldeten sich Tausende freiwillig. Dem in Berlin verkündeten Burgfrieden (Kaiser Wilhelm II.: *Ich kenne keine Parteien mehr, kenne nur noch Deutsche*) schloss man sich im Südwesten bereitwillig an. Der nationale Taumel erfasste sogar die Sozialdemokraten, die sich bis dahin als Friedenswahrer profiliert hatten. Symptomatisch war das Verhalten des jüdischen SPD-Reichstagsabgeordneten Ludwig Frank aus Mannheim: In der Überzeugung, dass das Reich einen Verteidigungskrieg führte, meldete er sich im August 1914 freiwillig an die Front. Vier Wochen später wurde er bei seinem ersten Gefecht in Lothringen getötet. Insgesamt verloren im Ersten Weltkrieg mehr als 62 500 badische Soldaten ihr Leben.

Die nationale Euphorie verflog, als der Krieg sich unerwartet lange hinzog und die Zivilbevölkerung die Folgen immer stärker zu spüren bekam. Schon in der ersten Phase des Krieges sahen sich die Menschen mit massiven Preissteigerungen und Versorgungsengpässen konfrontiert. Der Winter 1916/17 ist als „Steckrübenwinter" berüchtigt. Am Oberrhein wurde das Gefühl der Bedrohung verstärkt durch den oft deutlich zu hörenden Gefechtslärm.

Eine neue Dimension erreichte der Krieg durch die Bedrohung aus der Luft, die die Zivilbevölkerung in Angst und Schrecken versetzte. Bereits im August 1914 gab es einen Luftangriff auf Müllheim. Tote waren erstmals im Dezember 1914 bei einem Angriff auf Freiburg zu beklagen. Weitere Attacken aus der Luft sollten folgen, wobei insbesondere das Gebiet zwischen Lörrach und Offenburg sowie die Städte Karlsruhe und Mannheim ins Visier genommen wurden. Durch die Luftangriffe des Ersten Weltkriegs starben in Baden 218 Zivilisten.

Tödlicher Irrtum: Bomben treffen ein Zirkuszelt

Den schlimmsten Luftangriff des Ersten Weltkriegs musste im Jahr 1916 die Haupt- und Residenzstadt verkraften: Fünf französische Flugzeuge hatten den Auftrag, am 22. Juni den Karlsruher Hauptbahnhof zu bombardieren. Doch die Piloten benutzten veraltetes Kartenmaterial; ihnen war nicht bekannt, dass der Bahnhof bereits 1913 verlegt worden war. So trafen ihre Bomben ein Areal, auf dem gerade ein Zelt des Zirkus Hagenbeck aufgestellt war. Als die Bomben einschlugen, war eine Nachmittagsvorstellung im Gange. Bei dem Luftangriff kamen 120 Menschen, darunter 71 Kinder ums Leben, weitere 169 Menschen wurden verletzt. Der Luftangriff sollte wohl ein Vergeltungsschlag für die deutsche Bombardierung von Bar le Duc sein, bei der 85 Menschen starben.

Der Burgfrieden, der darauf abzielte, während des Krieges innenpolitische Streitfragen zurückzustellen, war auf Dauer nicht zu halten – weder im Reich, noch in Baden. Die politischen und sozialen Spannungen sowie die katastrophale Versorgungslage erzeugten eine revolutionäre Stimmung. Als im September 1918 die Oberste Heeresleitung einräumen musste, dass der Krieg nicht mehr zu gewinnen sei, kam es im ganzen Reich zu Streiks und Protestzügen. Die Demonstranten forderten Friedensverhandlungen, aber auch mehr politische Mitsprache und die Abschaffung der Monarchie. Mit Reformen in letzter Minute sollte der Volkszorn beschwichtigt werden – vergeblich.

Der letzte Kanzler des Kaiserreichs: Prinz Max von Baden

Ein Badener sollte für Kaiser Wilhelm II. die Kastanien aus dem Feuer holen: Prinz Max (1867–1929), der Cousin und designierte Nachfolger des kinderlosen Großherzogs Friedrich II., wurde am 3. Oktober 1918 zum Reichskanzler und preußischen Ministerpräsidenten berufen. Max empfahl sich für diesen Posten weniger durch seine kaum vorhandene Erfahrung in der Reichspolitik, als durch seine Herkunft: Dem Mitglied des liberalen badischen Herrscherhauses mochten es die kriegsmüden Massen zutrauen, innenpolitische Reformen durchzusetzen.

Doch die Bildung einer parlamentarischen Reichsregierung kam zu spät. Ende Oktober hatten Matrosen der Hochseeflotte in Kiel und Wilhelmshaven den Gehorsam verweigert; wie ein Flächenbrand weiteten sich die Aufstände aus. Am 9. November erreichte die Revolution die Reichshauptstadt. In der Hoffnung, dadurch die Monarchie als Staatsform zu retten, verkündete Max von Baden eigenmächtig die Abdankung des Kaisers. Das Amt des Reichskanzlers übergab der von einigen Zeitgenossen als „Totengräber der Monarchie" geschmähte Max am selben Tag an den in Heidelberg geborenen SPD-Vorsitzenden Friedrich Ebert.

Das Ende der badischen Monarchie

Der badische Großherzog Friedrich II. (1857–1928) war ein blasser Monarch, stand bei der Bevölkerung jedoch in hohem Ansehen. Das konnte seinen Thron nicht retten – als allzu stark erwies sich der Sog der revolutionären Ereignisse. Bürgerkriegsähnliche Verhältnisse blieben Baden jedoch erspart. Auch eine Anfang 1919 in Mannheim ausgerufene Räterepublik blieb eine kurze Episode. *Das war eine eigenartige Revolution gewesen; ohne viel Lärm, ohne Plünderung war einfach ein Thron gestürzt worden – einer von vielen*, schrieb Jahre später eine ehemalige Hofdame der Großherzogin Hilda.

130

In Mannheim, Karlsruhe, Rastatt, Lahr und Offenburg kam es am 8. und 9. November 1918 zu Streiks und Massenversammlungen. Auf Initiative des Karlsruher Oberbürgermeisters Karl Siegrist, der um Sicherheit und Ordnung besorgt war, wurde in der Landeshauptstadt ein Wohlfahrtsausschuss ins Leben gerufen. Dieser stellte mit dem Karlsruher Soldatenrat bereits am 10. November eine *Vorläufige Volksregierung* zusammen. Ihr gehörten Vertreter aller Parteien – ausgenommen die Konservativen – an. Geführt wurde die vorläufige Regierung vom Mannheimer Sozialdemokraten Anton Geiß (1858–1944).

Die Arbeiter- und Soldatenräte, die sich jetzt überall im Land bildeten, stimmten dieser Regierungsbildung überwiegend zu. Pragmatisches Denken verhinderte in Baden erneut Zerreißproben im Namen der Ideologie. Der badische Sozialdemokrat Adam Remmele (1877–1951), der später von den Nationalsozialisten als *Novemberverbrecher* geschmäht wurde, rühmte im Nachhinein die ordnungsstiftende Funktion der Arbeiter- und Soldatenräte: *Ohne sie wäre es in der ersten Zeit nach dem Zusammenbruch zu Mord und Totschlag gekommen.*

Der Großherzog dankt ab

Noch war Baden offiziell eine Monarchie. Um Großherzog Friedrich II. zur Abdankung zu zwingen, zog der Matrose Heinrich Klumpp, ein gebürtiger Karlsruher, am 11. November 1918 vor das Residenzschloss. Es fielen einige Schüsse, Klumpp drang mit einigen Soldaten in das Schloss ein und verlangte, den Großherzog zu sprechen. Dies wurde ihm von einem beherzten Kammerherrn rundweg abgeschlagen. Verletzt wurde bei dem Unternehmen niemand, doch Friedrich II. wollte kein weiteres Risiko eingehen und flüchtete mit seiner Gemahlin Hilda, seiner 80-jährigen Mutter Luise und seiner Schwester, Königin Victoria von Schweden, aus Karlsruhe. Der Großherzog begab sich zunächst nach Zwingenberg am Neckar, wo er unter dem Druck der Ereignisse am 13. November auf die Regierungsgewalt verzichtete. Die Abdankungsurkunde unterzeichnete Friedrich II. allerdings erst am 22. November 1918

Großherzog Friedrich II. stand bei der Bevölkerung in hohem Ansehen – das konnte seinen Thron jedoch nicht retten. – Kolorierte Fotografie, vor 1918.

auf Schloss Langenstein im Hegau. Als ständigen Wohnsitz nach dem Umsturz wählten Friedrich und Hilda Freiburg, während die Großherzogin-Witwe Luise sich in Baden-Baden niederließ. Prinz Max, der in den Thronverzicht eingeschlossen war, zog sich auf Schloss Salem am Bodensee zurück, wo er eine Internatsschule gründete, die zur Heranbildung einer neuen geistigen Elite in Deutschland beitragen sollte.

Freistaat Baden

Demokratische Gehversuche

Am 14. November 1918 wurde in Baden die Republik ausgerufen, die Wahlen für die Verfassunggebende Versammlung
legte man auf den 5. Januar 1919 fest. Aus den Wahlen ging das
Zentrum als stärkste Partei hervor, gefolgt von der SPD. Drittstärkste Kraft wurde die liberale DDP (Deutsche Demokratische Partei), auf die mit einigem Abstand die Christliche Volkspartei folgte. Die Unabhängige Sozialdemokratische Partei
(USPD) erhielt in ganz Baden nur rund 15 000 Stimmen und
blieb im Parlament ohne Vertreter. Das war ein harter Schlag
für die extremen Linken, für die Baden allerdings von je her ein
schwieriges Pflaster war. Die starke Stellung des Zentrums, die
bei späteren Landtagswahlen bestätigt wurde, führte dazu, dass
Baden im Vergleich zum Reich recht stabile Regierungen aufweisen konnte. Koalitionen von Zentrum und SPD bildeten bis
1932 die Basis der badischen Kabinette, ergänzt wurden sie
wechselnd durch die liberalen Parteien DDP und die etwas
konservativere DVP.

Mitentscheiden über das politische Kräfteverhältnis durften
erstmals auch die Frauen. Sehr zur Überraschung – und zur
bitteren Enttäuschung – der Sozialdemokraten brachte das
Frauenwahlrecht, für das sich die SPD stark gemacht hatte, der
Arbeiterpartei keine Vorteile. Vom Urnengang der Badenerinnen profitierte vor allem das Zentrum.

Marianne Weber: Eine Frau spricht im Ständehaus

Die Frauen hatten nicht nur das passive, sondern auch das aktive
Wahlrecht erlangt. Allerdings blieb der Frauenanteil in den Parla-
menten der Weimarer Republik bescheiden – vor allem in Baden,
das in dieser Hinsicht reichsweit zu den Schlusslichtern zählte.
Unter den 107 Abgeordneten in der badischen Nationalversamm-
lung waren gerade einmal neun Frauen (vier vom Zentrum, vier

von der SPD, eine von der DDP). Die DDP-Abgeordnete Marianne Weber (1870–1954), Gattin des bekannten Soziologen Max Weber, ergriff am 15. Januar 1919 als erste Frau im Karlsruher Ständehaus das Wort: *Wir Frauen können nur unserer hohen Freude und Befriedigung darüber Ausdruck geben, dass wir zu dieser Aufgabe mitberufen sind, und ich glaube sagen zu dürfen, dass wir besser für sie vorbereitet sind, als vielleicht die meisten von ihnen glauben.* Marianne Weber gab die Arbeit im badischen Landtag allerdings bereits Ende 1919 auf, als ihr Mann einen Ruf nach München erhielt und sie ihm nach Bayern folgte. Nach dem Tod Max Webers kehrte sie 1921 nach Heidelberg zurück, wo ihr Haus Schauplatz von philosophischen, soziologischen und frauenrechtlerischen Diskussionen wurde.

Die wenigen badischen Parlamentarierinnen betätigten sich vor allem auf „weiblichen" Politikfeldern – also in der Sozial-, der Bildungs- und der Kirchenpolitik. Trotzdem war vielen ihrer männlichen Kollegen die aktive Teilnahme von Frauen am politischen Leben zutiefst zuwider. So schrieb der Zentrumspolitiker Heinrich Köhler, der mehrmals als badischer Staatspräsident amtierte, in seinen 1939 begonnenen Erinnerungen: *Ein besonderes Wort noch zu den Frauen als Abgeordneten zum Parlament im Allgemeinen und zu den weiblichen Abgeordneten des Zentrums im Besonderen. Da stehe ich auf Grund meiner Erfahrungen im badischen Landtag und im Deutschen Reich auf dem Standpunkt: Die Frau als Wählerin: Ja. Als Abgeordnete: Nein! Der Eintritt der Frauen ins Parlament war ohne besondere Bedeutung oder tieferen Einfluss auf die Beratungen und die Gestaltung der Gesetze – nicht einmal auf die Sitten der Männer.*

Die neue Verfassung

Zügig wurde in Baden eine republikanisch-demokratische Verfassung ausgearbeitet, die als einzige deutsche Verfassung durch eine Volksabstimmung legitimiert wurde. Ein starker Staatspräsident, der sich in der Rolle eines „Ersatz-Großherzogs" hätte gefallen können, war nicht vorgesehen. Die Mitglieder des

Landtags wählten die Minister und aus der Ministerriege heraus den jährlich wechselnden Staatspräsidenten. Diese reichsweit einzigartige Regelung wurde bis 1929 beibehalten.

Badener machen Reichspolitik

Als Freistaat behielt Baden in der Weimarer Republik zwar seine Eigenstaatlichkeit, doch musste sich die Regierung mehr denn je der Reichsgewalt beugen. In der Reichsverfassung war ausdrücklich festgeschrieben, dass Reichsrecht das Landesrecht bricht. So gab es zwar einige landespolitische Tummelfelder wie die Bildungspolitik, bei der Baden selbst Akzente setzen konnte, doch alles in allem war der Gestaltungsspielraum des Landtags bescheiden.

Dafür fanden sich verblüffend viele Badener an den Schaltstellen der Reichspolitik. Da war vor allem der in Heidelberg geborene Friedrich Ebert (1871–1925), dem Max von Baden im Revolutionsjahr 1918 die Reichskanzlerschaft übergeben hatte. Ebert hatte sie zwar nur wenige Stunden inne – doch als erster Reichspräsident von 1919 bis 1925 trug er entscheidend zur Stabilität der jungen Weimarer Republik bei. Drei weitere Badener waren zeitweise Reichskanzler: der in Mannheim geborene Sozialdemokrat Hermann Müller (1876–1931), der aus Wellendingen im Schwarzwald stammende Zentrumspolitiker Konstantin Fehrenbach (1852–1926) sowie der Freiburger Zentrumsmann Joseph Wirth (1879–1956). Von sich reden machte außerdem der in Oberprechtal geborene Liberale Hermann Dietrich (1879–1954) als Finanzminister. Julius Curtius (1877–1948), der 1919 in Heidelberg die DVP gegründet hatte, war als Wirtschafts- und Außenminister tätig. Der Karlsruher Zentrumspolitiker Heinrich Köhler (1878–1949) schließlich stand ein Jahr lang an der Spitze des Reichsfinanzministeriums.

„Grenzlandnot"

Wie überall in Deutschland bestimmten in Baden die „Kriegs-krüppel" das Straßenbild. Auch ein schnelles Ende der Entbehrungen war nicht abzusehen. Lebensmittelknappheit, Schwarzmarkthandel und Teuerung beherrschten den Nachkriegsalltag. Zudem galt es, heimkehrende Soldaten wieder in den Arbeitsmarkt zu integrieren. Dies geschah vor allem auf Kosten der weiblichen Arbeitskräfte, die während des Krieges zum Teil wider Willen die Arbeit der Männer übernehmen mussten und jetzt mit staatlichem Segen zurück ins Hausfrauendasein oder in schlecht bezahlte Frauenberufe gedrängt wurden.

Mit dem Versailler Vertrag vom 28. Juni 1919 war der Erste Weltkrieg auch völkerrechtlich zu Ende. Dieser Vertrag sollte sich als schwere Hypothek für die junge deutsche Demokratie erweisen. Nahezu die gesamte Bevölkerung war sich darüber einig, als was er zu betrachten war: als ungeheure Schmach. Dass die Kriegsschuld ausschließlich dem kaiserlichen Deutschland und seinen Verbündeten zugeschrieben wurde, sorgte für Empörung – von den äußersten Rechten bis zu den Sozialdemokraten. Da die Alliierten jedoch mit Interventionen drohten, gab es keine politisch vertretbare Alternative zu dem *Schandfrieden* – das Reich musste akzeptieren. Auch die badische Regierung sprach sich zähneknirschend für die Annahme des Versailler Vertrages aus, da das Land am Oberrhein unter einem drohenden Einmarsch besonders zu leiden gehabt hätte.

Baden war in besonderem Maße vom Versailler Vertrag betroffen: Es wurde wieder zum Grenzland. Mehrere zehntausend Menschen aus Elsass-Lothringen, die nicht die französische Staatsbürgerschaft annehmen wollten, zogen über den Rhein nach Baden und verschärften die ohnehin prekäre Situation auf dem Wohnungs- und Arbeitsmarkt. Da der Versailler Vertrag rechts des Rheins eine 50 Kilometer breite entmilitarisierte Zone vorsah, verlor Baden an wirtschaftlicher Attraktivität. Potenzielle Investoren schreckten vor einer Ansiedelung im Grenzland zurück, etliche hier ansässige Unternehmen suchten einen neuen Standort im Landesinneren. Die von der badischen Regierung immer wieder geltend gemachte „Grenzlandnot" und die „Bedrohung" durch den französischen „Erbfeind" bildete eine Steilvorlage für radikale Propaganda.

Nebenschauplatz des Ruhrkampfes

Im Jahr 1923 spitzte sich die Situation zu. Wegen ausstehender Reparationszahlungen besetzten französische und belgische Truppen das Ruhrgebiet. Baden wurde zum Nebenschauplatz des „Ruhrkampfes". Die Franzosen erweiterten ihren Brücken-kopf um Kehl, besetzten die Stadt Offenburg sowie den Bahn-hof Appenweier und einige umliegende Dörfer. Damit war die Lebensader Badens, die Rheintalbahn, unterbrochen. Da die Rheinhäfen in Mannheim und Karlsruhe ebenfalls besetzt wur-den, war keine Verlagerung von Transporten auf den Wasser-weg möglich. Viele Wirtschaftsbetriebe wurden dadurch kom-plett lahmgelegt, es gab Entlassungen im großen Stil. Die Arbeitslosenquote in Baden lag in der zweiten Hälfte des Jahres 1923 mit 30 Prozent deutlich über der des Reiches. Die Situa-tion entspannte sich erst, als die Franzosen im Sommer 1924 abzogen. Kehl blieb bis 1930 besetzt.

120 Millionen Mark für ein Ei

Existenzängste verursachte auch die Inflation, die im Sommer 1922 von einer schleichenden in eine galoppierende Geldent-wertung überging und 1923 eine aberwitzige Geschwindigkeit erreichte. Die Notenpressen arbeiteten Tag und Nacht und spuckten Geldscheine mit fantastischen Zahlen aus, die schon Stunden später kaum mehr das Papier wert waren, auf dem man sie gedruckt hatte. Ein Ei, für das man in Karlsruhe im Januar 1923 bereits 85 Mark hinlegen musste, kostete im Oktober 120 Millionen, wer im November ein Paar Kinderstiefel benötigte, hatte die Summe von 850 Milliarden Mark aufzubringen. Auf dem Höhepunkt der Inflation kam es unter anderem in Lör-rach, Freiburg und Lahr zu schweren Unruhen mit Schieße-reien. Den unweit der Grenze lebenden Menschen war schmerzlich bewusst, dass in den Nachbarländern Schweiz und Frankreich das Warenangebot groß und die Preise stabil waren. Dass einige Unternehmen in Grenznähe ihre Produkte nur gegen Devisen abgaben, ihre Arbeiter jedoch mit wertlosen Papiermark bezahlten, verstärkte die Wut auf den (demokratischen) Staat, den viele als die Ursache allen Übels betrachteten.

Beendet wurde die Inflation mit der Währungsreform im November 1923. Die Reform machte auch den Weg frei für neue Verhandlungen mit den Siegermächten, die letztlich dazu führten, dass die Reparationszahlungen der wirtschaftlichen Leistungsfähigkeit Deutschlands angepasst wurden. Der Gewinn an wirtschaftlicher und politischer Stabilität wurde aber kaum als Trost empfunden: Große Teile der Bevölkerung hatten durch Inflation und Währungsreform ihr komplettes Vermögen eingebüßt. Aus vielen vormals wohlhabenden Rentnern und Pensionären waren Fürsorgeempfänger geworden. So musste im Jahr 1926 die Stadt Freiburg 70 Prozent der direkten Gemeindesteuern für Fürsorgeleistungen aufwenden – im Jahr 1913 hatte der Anteil lediglich acht Prozent betragen.

Hetzkampagnen und Gewalt als Mittel der Politik

Die wirtschaftliche und soziale Not in der jungen Republik ging einher mit einer politischen Radikalisierung und zunehmender Gewaltbereitschaft von Links und Rechts. Sprengstoff bargen insbesondere die Kriegsschuldfrage sowie die Dolchstoßlegende. Parteien der extremen Rechten bedienten sich der Mär von dem „im Felde unbesiegten Heer", das von hinten, also von der Heimat, erdolcht worden sei, zur hasserfüllten Agitation gegen Politiker der Weimarer Koalition aus Zentrum, SPD und DDP. Politische Kampfbünde und paramilitärische Vereinigungen waren ein neues, aber rasch an Bedeutung gewinnendes Phänomen in der deutschen politischen Kultur. Ein prominentes Opfer der wachsenden Gewaltbereitschaft in den frühen Jahren der Weimarer Republik war Matthias Erzberger (1875–1921).

Erzberger, ein Zentrumspolitiker aus Württemberg, hatte im November 1918 die Leitung der Waffenstillstandskommission übernommen und befürwortete den Versailler Vertrag. Aus deutschnationaler Sicht war er ein „Novemberverbrecher" und „Volksverräter". Gegen ihn wurde eine bespiellose Hetzkampagne gestartet. Erzberger, mittlerweile Vizekanzler und Reichsfinanzminister, versuchte, sich auf juristischem Weg zu wehren. Während des Prozesses in Berlin-Moabit entging er nur knapp einem Attentat. Der Initiator der Kampagne wurde schließlich wegen Beleidigung zu einer Geldbuße verurteilt, doch das Ansehen Erzbergers war dermaßen beschädigt, dass er 1920 zurücktrat (neuer Finanzminister wurde sein badischer Parteifreund Joseph Wirth). Erzberger plante freilich eine Rückkehr auf die politische Bühne.

Zuvor jedoch machte er mit seiner Familie Urlaub in Bad Griesbach im Schwarzwald. Bei einem Spaziergang mit einem badischen Reichstagsabgeordneten wurde Erzberger im August 1921 erschossen, sein Begleiter verletzt. Bezeichnend waren die Reaktionen der Presse: Deutschnationale Blätter bekundeten Verständnis für die Mörder und schütteten Häme über das Opfer aus. Katholische und sozialdemokratische Zeitungen zeigten sich hingegen entsetzt. Der badische Staatspräsident Gustav Trunk (Zentrum) rief angesichts der *ruchlosen Tat, welcher der Abgeordnete Erzberger in unserem badischen Schwarzwald zum Opfer fiel,* die Bevölkerung dazu auf, ihre *Treue zur demokratischen Republik* unter Beweis zu stellen.

Die Mörder Erzbergers, zwei Mitglieder der rechtsradikalen „Organisation Consul", wurden rasch identifiziert. Die Täter konnten allerdings über München nach Ungarn entkommen, da sich die Behörden in Bayern nicht sehr kooperativ zeigten. Der Führer des Geheimbundes, der den Mord angewiesen hatte, wurde 1922 von einem Offenburger Gericht freigesprochen.

Der Mord an Außenminister Walther Rathenau, der im Juni 1922 ebenfalls von Angehörigen der „Organisation Consul" verübt wurde, führte zum Erlass des Republikschutzgesetzes. Dieses allerdings wurde reichsweit weitaus häufiger gegen linke als gegen rechtsradikale Umtriebe eingesetzt. Während sich Württemberg auf dem rechten Auge fast gänzlich blind zeigte, gingen die badische Regierung und speziell Innenminister Adam Remmele (SPD) recht konsequent gegen völkische und nationalistische Aktivitäten vor. Als blauäugig sollte sich allerdings die von Remmele 1925 geäußerte Ansicht erweisen, wonach rechtsextreme Gruppierungen in Baden keinen großen Einfluss hätten.

Pazifisten unerwünscht: Der Fall Gumbel

Republikkritische und nationalistische Ansichten waren auch an den Universitäten weit verbreitet. Pazifisten hatten einen schweren Stand. Das bekam der Heidelberger Mathematiker Emil Julius Gumbel (1891–1966) zu spüren. Der Hochschullehrer jüdischer Herkunft, der als Freiwilliger am Weltkrieg teilgenommen hatte, hielt 1924 eine Rede zum Thema „Nie wieder Krieg". Er bat die Zuhörer, der Toten zu gedenken, *die, ich will nicht sagen, auf dem Feld der Unehre gefallen sind, aber doch auf grässliche Weise ums Leben kamen.* Rechte Studentengruppen sahen durch diese Bemerkung die Gefallenen verunglimpft und initiierten eine Hetzkampagne gegen Gumbel. Auch etliche Professoren forderten, dem Pazifisten die Lehrerlaubnis zu entziehen, doch das Ministerium in Karlsruhe lehnte ab. 1930 wurde Gumbel sogar zum außerplanmäßigen Professor ernannt, was erneut massive Proteste auslöste. Zwei Jahre später fand der Statistiker bei der Regierung allerdings keinen Rückhalt mehr: In einem Vortrag vor sozialistischen Studenten deklarierte Gumbel die Kohlrübe, das Hauptnahrungsmittel der Kriegszeit, zum angemessenen *Denk-Mal des Krieges.* Kultusminister Eugen Baumgartner entzog ihm daraufhin im August 1932 die Lehrerlaubnis – ein Vorgang, der später als *Kapitulation des Rechtsstaats vor der heraufziehenden Diktatur* gewertet wurde. Gumbel emigrierte nach Frankreich und später in die USA.

Kultureller Aufbruch und Beharren

Bubikopf und Zigarettenspitze: Am Frauenbild der „Goldenen Zwanziger" schieden sich die Geister, wie überhaupt die Innovationen dieser Zeit für reichlich Konfliktstoff sorgten. Die Entfaltung eines neuen Lebensgefühls, das einherging mit radikalen Neuerungen in Kunst und Literatur, in Theater, Musik, Film, Architektur und Design, stieß auf heftigen Widerspruch der in der wilhelminischen Tradition verharrenden Kulturkonservativen. Maler wie Karl Hubbuch (1891–1979) sahen sich schon lange vor 1933 massiven Anfeindungen ausgesetzt. Dem Professor an der Badischen Kunstschule warf man unter anderem eine bolschewistische Kunstgesinnung und ein ewiges Wühlen im Negativen vor.

Heftige Diskussionen löste auch die Bewegung des „Neuen Bauens" aus, mit der Architekten wie Walter Gropius die Menschen vom Elend des proletarischen Wohnens in engen, dunklen Räumen erlösen und zugleich dem überladenen Stil repräsentativer Bürgerwohnungen entgegentreten wollten. In der Karlsruher Dammerstocksiedlung sollten unter Gropius' Leitung sonnige, gut belüftete, aber dennoch bezahlbare Wohnungen für einfache Leute entstehen. Die 1929 fertiggestellte Siedlung gilt als eines der konsequentesten Beispiele für den funktionalistischen Wohnungsbau dieser Zeit. Neben Lobeshymnen war von Zeitgenossen aber auch vernichtende Kritik zu hören. Unter Fachleuten wie in der Bevölkerung waren die Meinungen geteilt. Unter anderem war die Rede vom „Jammerstock", in dem zwei benachbarte Familien beim Bilder aufhängen mit einem Nagel auskommen konnten, weil die Wände so dünn seien. Und man riss Witze über einen angeblichen *Dammerstock-Nachttopf*, dessen Henkel nach innen gingen, um Platz zu sparen. Die Weiterbebauung des Dammerstock-Geländes in nationalsozialistischer Zeit erfolgte im herkömmlichen Stil.

Avantgardisten der Bühne, der Literatur und der Malerei fanden ihr Publikum vor allem in großen Städten. Aber auch das kleine Donaueschingen, die ehemalige fürstenbergische Residenzstadt, setzte Zeichen: Es wurde zum Mekka der modernen Musik. Bei den „Kammermusikaufführungen zur Förderung zeitgenössischer Tonkunst" präsentierte 1921 Paul Hindemith (1895–1963) sein Zweites Streichquartett Opus 16, das ihm weltweiten Ruhm bescherte.

Weltwirtschaftskrise

Mit den „Goldenen Zwanzigern" war es vorbei, als am „Schwarzen Freitag" im Oktober 1929 in New York die Börse zusammenbrach. Die Weltwirtschaftskrise riss Firmen und Banken in den Abgrund. Massenarbeitslosigkeit und Verelendung großer Bevölkerungsteile waren die Folge, die Realeinkommen sanken um ein Drittel. Je nach Wirtschaftszweig und Region verlief die Entwicklung allerdings sehr unterschiedlich. Bedrückend war die Situation im Kinzigtal: Anfang 1933 standen in Haslach 80 Prozent der erwerbstätigen Einwohner auf der Straße. Angesichts klammer Kassen blieben nicht einmal Staatsdiener von Einbußen verschont: Das badische Notgesetz von 1931 ermöglichte es, ihr Gehalt schmerzlich zu kürzen.

Erste Erfolge der NSDAP

Das Vertrauen in die „alten" Parteien der Weimarer Koalition schwand zusehends, radikale Gruppierungen profitierten davon. In Baden hatte die Nationalsozialistische Deutsche Arbeiterpartei (NSDAP) ihren ersten großen Wahlerfolg allerdings bereits verzeichnet, ehe die Auswirkungen des New Yorker Börsenkrachs spürbar wurden: Bei den Landtagswahlen am 27. Oktober 1929 errang die NSDAP sieben Prozent der Stimmen, sie stellte damit sechs Abgeordnete im 88-köpfigen Landtag. Damit veränderten sich die Umgangsformen im Ständehaus: Die NSDAP-Abgeordneten missbrauchten das als *Schwatzbude* verachtete Parlament hemmungslos als Agitationsbühne. Es kam während der Sitzungen sogar zu Prügeleien. Anklang fand die NSDAP vor allem im industrialisierten Norden; in katholischen Gebieten hatte man deutlich mehr Vorbehalte gegen die Hitler-Partei.

Baden in der Zeit
des Nationalsozialismus

Die Etablierung des NS-Systems

Als Adolf Hitler am 30. Januar 1933 zum Reichskanzler ernannt wurde, gab es in Baden nach wie vor eine Regierung, die sich auf eine – wenn auch hauchdünne – Mehrheit im Landtag stützen konnte. Unter dem Vorwand, dass die öffentliche Sicherheit nicht gewährleistet sei, bestimmte jedoch am 8. März die Reichsregierung „zum Schutze von Volk und Staat" den NSDAP-Gauleiter Robert Wagner zum Reichskommissar und Reichspolizeikommissar für Baden. Wagner beeilte sich, die führenden Köpfe bei der Polizei auszuwechseln, und stellte eine Hilfspolizei auf, die er aus NS-Schlägertrupps rekrutierte. Am 11. März ernannte sich der Nationalsozialist der ersten Stunde selbst zum badischen Staatspräsidenten. Die NS-Zeitung „Der Führer" verkündete am selben Tag zufrieden die „totale Machtergreifung".

Bei der Gleichschaltung des badischen Landtags, die auf dessen Selbstentmündigung abzielte, mühte sich die NS-Führung, den Anschein der Legalität zu wahren. Das hinderte die Nationalsozialisten aber nicht daran, ihre Gegner durch demonstrativ ausgeübten Terror einzuschüchtern. Zunächst richteten sich die Aktionen schwerpunktmäßig gegen Kommunisten und Sozialdemokraten. Als Vorwand diente in Baden die Affäre Nussbaum: Die Freiburger Wohnung des wegen seiner Parteizugehörigkeit verdächtigen SPD-Abgeordneten Daniel Nussbaum sollte durchsucht werden. Zu diesem Zweck drangen in der Nacht des 17. März 1933 zwei Polizisten bei Nussbaum ein. Der Politiker, der an den Folgen eines Hirnschlags litt, erschoss die unerwünschten Besucher. Diesen Vorfall puschte die NS-Presse zum „marxistischen Verbrechen" hoch. Zahlreiche bekannte Politiker wurden noch am selben Tag in „Schutzhaft" genommen.

Die sozialdemokratischen Landtagsabgeordneten Hermann Stenz, Adam Remmele, Erwin Sammet, Ludwig Marum, Gustav Heller, Sally Grünebaum und August Furrer werden in das KZ Kislau deportiert. – Fotografie, 1933.

In Karlsruhe wurden sieben Landtagsabgeordnete – darunter die ehemaligen Minister Adam Remmele und Ludwig Marum – auf einem offenen Lastwagen dem gaffenden Publikum vorgeführt und ins Lager Kislau bei Bruchsal transportiert. Auch im KZ Ankenbuck unweit von Donaueschingen und in dem von Baden und Württemberg gemeinsam genutzten Lager Heuberg bei Stetten am kalten Markt wurden Oppositionelle kaltgestellt. Bei Ludwig Marum, einem Sozialdemokraten jüdischer Herkunft, beschränkten sich die neuen Machthaber nicht auf Einschüchterungsversuche: SA- und SS-Männer brachten ihn am 29. März 1934 auf Befehl von Robert Wagner um.

Hitler bedingungslos ergeben: Robert Wagner

Der badische Reichskommissar Robert Wagner (1895–1946) wurde am 3. Mai 1933 zum Reichsstatthalter ernannt. Dadurch erhielt er noch mehr Machtbefugnisse. Wagner, der aus Lindach bei Eberbach am Neckar stammte, hieß eigentlich Backfisch, nahm aber 1921 den Familiennamen seiner Mutter an.

Der ehemalige Offizier hatte 1923 in München Hitler kennengelernt, dem er von da an bedingungslos ergeben war. Den 1925 von ihm gegründeten Gau Baden der NSDAP organisierte Wagner straff durch, zudem hatte er ein Gespür für wirkungsvolle Propaganda. Das zahlte sich aus: Bereits bei den Reichstagswahlen 1930 fand die NSDAP bei den badischen Wählern (19,2 Prozent) mehr Zuspruch als im Reichsdurchschnitt (18,3 Prozent). Auch nach der Machtübernahme zeigte sich die Bevölkerung in Baden regimefreundlicher als im Reichsdurchschnitt: 45,4 Prozent der Badener stimmten bei den Reichstagswahlen im März 1933 für die NSDAP, reichsweit waren es 43,9 Prozent.

Wagner war einer der einflussreichsten NS-Funktionäre im Reich. Über seinen Stellvertreter Walter Köhler (1897–1989), der badischer Ministerpräsident war (das Amt des Staatspräsidenten wurde abgeschafft), regierte Wagner hinweg. 1940 vertraute ihm Hitler neben dem Gau Baden auch die Zivilverwaltung des besetzten Elsass an. Wegen seiner dort begangenen Verbrechen verurteilte ihn 1946 ein Straßburger Militärgericht zum Tode. Wagner wurde erschossen.

Die Jugend im Blick

Die „Gleichschaltung", die alle politischen, gesellschaftlichen und kulturellen Bereiche umfasste, lief in Baden in den gleichen Bahnen wie in anderen deutschen Ländern ab. Besonderen Wert legte die NS-Führung auf die Vereinnahmung von Kindern und Jugendlichen. Anfänglich tat sie sich damit im katholisch geprägten ländlichen Raum schwer. Das katholische Vereinswesen, insbesondere der Sportverband „Deutsche Jugendkraft" (DJK), machte der Hitlerjugend (HJ) große Teile ihrer Zielgruppe abspenstig. Durch Druck und Verbote bekamen die Nationalsozialisten dieses „Problem" jedoch in Griff: Ende 1935 wurden 90 Prozent der badischen Schülerinnen und Schüler, die älter als zehn Jahre waren, als HJ-Mitglieder geführt.

„The perfect Nazi woman": Gertrud Scholtz-Klink

Als Reichsfrauenführerin war Gertrud Scholtz-Klink (1902–1999) die mächtigste Frau im NS-Staat. Allerdings hatte die Beamtentochter aus dem badischen Adelsheim ihre Karriere gerade der Tatsache zu verdanken, dass sie das NS-Frauenbild in Reinform propagierte und die Überlegenheit ihrer männlichen Parteigenossen bedingungslos anerkannte. 1920 hatte sie den späteren Offenburger NSDAP-Bezirksleiter Friedrich Klink geheiratet. Nachdem er bei einer Wahlkundgebung einer Herzattacke erlag, intensivierte seine Witwe ihre Arbeit für die Hitler-Partei. Gertrud Klink baute die NS-Frauenschaft im Gau Baden auf. Nach der Machtübernahme ernannte Robert Wagner die inzwischen mit dem Landarzt Günther Scholtz verheiratete NS-Frauenführerin zur Referentin für Frauenfragen im badischen Innenministerium. 1934 wurde sie von Hitler zur „Reichsfrauenführerin" berufen.

The Perfect Nazi Woman – die perfekte Nazi-Frau – so urteilten britische Zeitungen, als Scholtz-Klink 1939 England besuchte. Dieser Bezeichnung machte die Reichsfrauenführerin alle Ehre, als sie am Muttertag des Kriegsjahrs 1944 die deutschen Frauen zu „Geburts-Höchstleistungen" aufrief. Sich selbst ließ Gertrud Scholtz-Klink, nunmehr in dritter Ehe mit einen SS-Obergruppenführer vermählt, gerne im Kreise ihrer elf Kinder (darunter einige „angeheiratete") fotografieren.

Scholtz-Klink wurde 1950 als „Hauptschuldige" eingeordnet, aber zu einer vergleichsweise milden Strafe verurteilt. 1978 veröffentlichte sie ein autobiografisches Buch „Die Frau im Dritten Reich". Aus dem Text kann man schließen, dass sie ihre Begeisterung für das nationalsozialistische Menschenbild nie abgelegt hat.

Dass die Reichsfrauenführerin eine Badenerin war, ist heute weitgehend vergessen. Städte und Gemeinden rühmen sich nicht gerne damit, nationalsozialistische „Persönlichkeiten" hervorgebracht zu haben. Aber Gertrud Scholtz war nicht die einzige Nazi-Größe, die von Baden aus Karriere machte. Albert Speer (1905–1981), Hitlers wichtigster Architekt und Rüstungsminister, wurde in Mannheim geboren und hat zeitweise in Karlsruhe studiert. Rudolf Höß (1900–1947), der Kommandant von Auschwitz, ist in Baden-Baden geboren und in Mannheim aufgewachsen. In Pforzheim zur Welt gekommen ist schließlich der NS-Politiker und Ingenieur Fritz Todt (1891–1942), der unter anderem mit dem Bau der Autobahnen betraut war.

Autobahn und Westwall

Mit wirtschafts- und sozialpolitischen Maßnahmen versuchten die NS-Machthaber die Bevölkerung zu beeindrucken. Zwar war die Talsohle der Weltwirtschaftskrise zum Zeitpunkt der nationalsozialistischen Machtübernahme bereits erreicht und es zeichnete sich eine allmähliche Erholung ab. Doch das Regime sorgte mit einem gewaltigen Propagandaaufwand dafür, dass der Abbau der Massenarbeitslosigkeit als Verdienst des Nationalsozialismus gewertet wurde. Als Hitler im Mai 1933 das Programm zum Bau von Reichsautobahnen veröffentliche, verschwieg er tunlichst, dass die detaillierten Pläne für dieses Projekt im Wesentlichen aus den 20er-Jahren stammten. Für Baden brachte die Eröffnung der Autobahnabschnitte Heidelberg–Karlsruhe und Stuttgart–Pforzheim–Karlsruhe wichtige Impulse, allerdings waren die beschäftigungspolitischen Auswirkungen des Autobahnbaus längst nicht so gravierend, wie es die Nationalsozialisten der Bevölkerung vorgaukelten.

Anders als die Reichsautobahn war der Westwall, mit dessen Bau Hitler 1938 ebenfalls Fritz Todt beauftragte, eine glatte Fehlinvestition. Den Bestimmungen des Versailler Vertrages zum Trotz hatte NS-Deutschland im März 1935 die allgemeine Wehrpflicht wieder eingeführt, ein Jahr später die entmilitarisierte Zone im Westen besetzt. Jetzt sollte innerhalb kürzester Zeit eine Befestigungslinie von Basel bis zum Übertritt des Rheins in die Niederlande gezogen werden – ein deutlicher Hinweis darauf, dass der Krieg bald wieder ein Mittel der Politik sein würde. Das Mammutprojekt, für das mehr als 500 000 Arbeitsdienstleute und Bauarbeiter herangezogen wurden, spielte bei den Kampfhandlungen des Zweiten Weltkriegs aber praktisch keine Rolle. Allein im kleinen Wintersdorf bei Rastatt waren zeitweise 1800 Mann im Westwall-Einsatz – weit mehr, als der Ort Einwohner hatte.

Verdrängung, Verfolgung, Vernichtung

Die antisemitische Hetze rechtsextremer Parteien und Gruppierungen hatte schon in der Weimarer Zeit viele Juden veranlasst, Deutschland den Rücken zu kehren. Diese Tendenz ließ sich auch in Baden beobachten: 1925 lebten im Freistaat über 24 000 Menschen jüdischen Glaubens, 1933 waren es nur noch rund 20 000. Nach der Machtübernahme der Nationalsozialisten, dem ersten „Judenboykott" und der Entrechtung jüdischer Menschen unter anderem durch das „Gesetz zur Wiederherstellung des Berufsbeamtentums" (7. April 1933) sowie die „Nürnberger Gesetze" (15. September 1935) verstärkte sich der Trend zur Emigration.

Der Oberrat der badischen Israeliten organisierte Vorbereitungsschulen mit Fremdsprachenunterricht. Manche der Männer und Frauen, die auf eine Einreisemöglichkeit ins damals britisch verwaltete Palästina hofften, eigneten sich auf so genannten „Hachschara-Gütern" landwirtschaftliche und handwerkliche Fähigkeiten an, für die in „Eretz Israel" mehr Bedarf bestand als an intellektuellen Berufen. Ein solches Lehrgut gab es beispielsweise im nordbadischen Sennfeld (heute ein Ortsteil von Adelsheim). Spätestens das Novemberpogrom, die „Reichskristallnacht" vom 9./10. November 1938, machte es den jüdischen Menschen definitiv klar, dass sie in Deutschland keine Zukunft mehr hatten. Doch das Ausland stellte den Ausreisewilligen hohe Hürden entgegen und mit dem Beginn des Krieges kam die jüdische Auswanderung praktisch zum Erliegen. Von denjenigen, die zurückbleiben mussten oder wollten, entkamen nur wenige der nationalsozialistischen Tötungsmaschinerie.

Die Deportation badischer Juden nach Gurs

Robert Wagner hatte den Ehrgeiz, unter den ersten zu sein, die einen „judenfreien" Gau vorweisen konnten. Er tat sich mit Josef Bürckel, dem Gauleiter der Saarpfalz, zusammen. Ein Jahr, ehe in anderen Ländern des „Altreichs" die Deportationen in den Osten einsetzten, verfügten Wagner und Bürckel,

Internierte Frauen im Lager Gurs: Die katastrophale Versorgungslage und die furchtbaren hygienischen Zustände kosteten viele der Verschleppten das Leben. – Fotografie o. J.

dass alle badischen, pfälzischen und saarländischen Juden ins südwestfranzösische Internierungslager Gurs zu transportieren seien. Den Betroffenen – in Baden rund 5600 jüdische Frauen und Männer, Kinder und Greise – ließ man ein bis zwei Stunden Zeit, das Notwendigste zusammenzupacken, ehe sie am 22. Oktober 1940 zum Bahnhof gekarrt wurden. Zunächst verschont blieben 700 bis 800 badische Juden – das waren vor allem in Mischehen mit „Ariern" Lebende, „Mischlinge" sowie Schwerkranke. Die meisten von ihnen wurden bei späteren Aktionen erfasst und deportiert.

Die Versorgungslage und die hygienischen Zustände im Lager Gurs am Fuße der Pyrenäen waren katastrophal. Innerhalb von drei Monaten starb jeder Zehnte der Verschleppten. Einige der Internierten konnten entkommen und in Frankreich oder Spanien untertauchen, einigen wenigen gelang auf halbwegs offiziellem Weg die Ausreise. Unter ihnen war der Karlsruher Dichter Alfred Mombert (1872–1942), für den Freunde die Aufnahme in der Schweiz organisierten. Mombert starb jedoch schon ein halbes Jahr später, vermutlich an den gesundheitlichen Folgen des Lageraufenthaltes. Wer keinen Weg aus Gurs fand, der musste ab Sommer 1942 damit rechnen, in die polnischen Vernichtungslager transportiert zu werden. In Gurs selbst sind 1070 Opfer des nationalsozialistischen Terrors begraben. Der Friedhof wird heute von einer Arbeitsgemeinschaft badischer Städte unterhalten und gepflegt. Alljährlich findet in Gurs eine Gedenkveranstaltung statt, zu der die Städte zusammen mit dem Oberrat der Israelitischen Religionsgemeinschaft Baden einladen.

Wer sich im Dritten Reich für Juden einsetzte, ihnen Unterschlupf gewährte oder bei der Flucht ins Ausland half, riskierte, selbst Opfer des Unrecht-Regimes zu werden. Zu den Menschen, die sich über diese Gefahr hinwegsetzten, gehörten Gertrud Luckner und Hermann Maas.

Mutige Helfer: Gertrud Luckner und Hermann Maas

Gertrud Luckner (1900–1995) war Fürsorgerin bei der Caritas in Freiburg. Sie besorgte gefälschte Pässe und verhalf damit zunächst zum Katholizismus konvertierten Juden zur Flucht. Später dehnte sie ihre Hilfe auf abgetauchte „Glaubensjuden" aus. Als Luckners Aktivitäten 1943 aufflogen, wurde sie ins KZ Ravensbrück gebracht. Nach Kriegsende warb sie im „Freiburger Rundbrief" für eine christliche Neubesinnung im Verhältnis zum Judentum.

Hermann Maas (1877–1970), geboren in Gengenbach, war als evangelischer Pfarrer zunächst in (Sulzburg-)Laufen, später in Heidelberg tätig. 1903 nahm Maas, dem die Verständigung der Religionen ein Herzensanliegen war, am zionistischen Weltkongress in Basel teil. Gegen den Zeitgeist setzte sich Maas, der selbst Neuhebräisch sprach und Reisen nach Palästina unternahm, in der Weimarer Republik für einen christlich-jüdischen Dialog ein. Im Dritten Reich verhalf er mit Hilfe pazifistischer Organisationen badischen Juden zur Auswanderung. 1943 verlor das NS-Regime die Geduld mit dem renitenten Pfarrer: Er wurde zur Zwangsarbeit nach Frankreich verschleppt. In Yad Vashem, der 1953 in Jerusalem gegründeten staatlichen israelischen Gedenkstätte für die Märtyrer und Widerstandskämpfer des Holocaust, wird Hermann Maas' Name seit 1966 in Ehren gehalten. Als einer der ersten Deutschen wurde der badische Pfarrer zu den „Gerechten unter den Völkern" gezählt.

Die Vernichtungspolitik der Nationalsozialisten beschränkte sich nicht auf die jüdische Bevölkerung, auch Zeugen Jehovas, Sinti und Roma, Homosexuelle, „Asoziale" und politische Gegner wurden verfolgt und ermordet. Befremden in der Bevölkerung rief vor allem die gegen Kranke und Behinderte gerichtete Aktion T4 hervor.

„Unwertes Leben": Die Aktion T4

Das „Gesetz zur Verhütung erbkranken Nachwuchses" machte bereits 1933 Zwangssterilisationen von Menschen, denen eine genetische „Minderwertigkeit" zugeschrieben wurde, möglich. An körperlich und geistig Behinderten, Missgebildeten, psychisch Kranken, Alkoholikern und „sozial Entarteten" wurden solche Zwangseingriffe durchgeführt, sofern die bei den Amtsgerichten angesiedelten Erbgesundheitsgerichte dies für angeraten hielten. Doch der Rassenwahn der Nationalsozialisten zielte auf eine radikalere „Lösung" ab: Unheilbar Kranke sollten dem *Gnadentod* zugeführt werden. In der Berliner Tiergartenstraße 4 wurde der als „geheime Reichssache" eingestufte Massenmord organisiert – daher hieß die Aktion T4. In Südwestdeutschland wurde die Anstalt Grafeneck bei Münsingen auf der Schwäbischen Alb für die Tötung der „Ballastexistenzen" ausersehen.

Die Aktion T4 wurde in Grafeneck am 18. Januar 1940 gestartet. 10 654 Menschen wurden dort ermordet – unter ihnen waren schätzungsweise 4500 Patienten aus 17 badischen Heil- und Pflegeanstalten. Sie wurden Opfer der ersten systematisch-industriellen Ermordungsaktion des NS-Regimes: Die dort entwickelte Technologie war wegweisend für die Vernichtungslager im Osten. Selbst das Personal wanderte zum Teil weiter von Grafeneck nach Auschwitz.

Als groß angelegte Aktion konnte die „geheime Reichssache" nicht lange geheim bleiben. Allzu augenfällig war die Vielzahl der „plötzlichen und unerwarteten Todesfälle", die sich in Grafeneck ereigneten. Die Gerüchte, wonach die Patienten, die mit den grauen Bussen abgeholt wurden, in den Tod fuhren, verdichteten sich schnell. Mitte 1940 wurden erste Proteste von Kirchenvertretern und Anstaltsleitern laut, selbst innerhalb der NSDAP gab es offenbar kritische Stimmen. Dem Leiter der Kreispflegeanstalt Fußbach (Gengenbach) soll es sogar gelungen sein, die Deportation seiner Patienten zu verhindern, obwohl die Busse aus Grafeneck bereits vorgefahren waren. Im Dezember 1940 wurden die Vergasungen in Grafeneck eingestellt, was allerdings nicht auf die Proteste zurückzuführen war: Die Aktion in Südwestdeutschland galt als abgeschlossen. Wer nunmehr in Baden als „Unheilbarer" aktenkundig wurde, dem drohte die Vergasung im hessischen Hadamar.

8000 Namen von den 10 654 in Grafeneck ermordeten Menschen sind heute bekannt und konnten daher der Anonymität des Vergessens entrissen werden. In der Anstalt, die heute wieder als Einrichtung der Behindertenhilfe und Sozialpsychiatrie genutzt wird, ist eine Gedenkstätte für die Opfer der „Euthanasie"-Morde eingerichtet.

„Vernichtung durch Arbeit"

Mit dem Krieg stieg der Bedarf an Arbeitskräften stark an. Zwangsarbeiter und Zwangsarbeiterinnen aus den besetzten Ländern, Kriegsgefangene und KZ-Häftlinge sollten die von der Wehrmacht abgezogenen deutschen Männer ersetzen. Die billigen Arbeitskräfte kamen in allen Bereichen der Wirtschaft und Landwirtschaft zum Einsatz, selbst in Privathaushalten und kirchlichen Einrichtungen – jeder vierte Beschäftigte in der deutschen Wirtschaft war 1944 ein „Fremdarbeiter". Dass dabei Personengruppen, die dem Regime nicht genehm waren, durch mörderische Arbeitsbedingungen zu Tode kamen, war gewollt: „Vernichtung durch Arbeit" lautete das Motto.

In den letzten Kriegsjahren wurde im Südwesten eine Vielzahl von kleinen Konzentrationslagern eingerichtet – bis zu 70 sollen es gewesen sein. Dabei handelte es sich überwiegend um Außenlager des KZ Natzweiler-Struthof in den Vogesen, aber auch Außenkommandos des KZ Dachau waren dabei. Bekannt ist, dass etliche solcher Lager im Gebiet um Obrigheim/Neckarelz bestanden, außerdem um Baden-Baden und Gaggenau, während der Südschwarzwald und der Bodenseeraum in dieser Hinsicht weiße Flecken darstellen. In den Lagern wurde das Programm „Vernichtung durch Arbeit" konsequent umgesetzt.

Wie menschenverachtend der Umgang mit Zwangsarbeitern war, zeigt ein Beispiel aus Mannheim-Sandhofen. In einem Schulgebäude – also mitten im Ort – hatte man im September 1944 ein Lager für polnische Zwangsarbeiter eingerichtet, die bei Daimler-Benz schuften mussten. Die mehr als 1000 Häftlinge waren in sechs Klassenzimmern eingepfercht. Am 16. Dezember 1944 bot man das Lager feindlichen Flugzeugen geradezu als Ziel an: Während eines Luftangriffs mussten die Häftlinge auf dem Appellplatz antreten, die Schule wurde dabei hell erleuchtet. 1990 wurde in diesem Gebäude (heute Gustav-Wiederkehr-Schule) eine Gedenkstätte eingerichtet.

Gegen das Regime

So unterschiedlich wie die Motive waren, die zum Widerstand gegen das NS-Regime führten, so verschieden waren auch dessen Formen. Da war beispielsweise das Karlsruher Ehepaar, das seinen gerade zur Wehrmacht eingezogenen 17-jährigen Sohn in einem Brief aufforderte, sich nicht allzu diensteifrig zu zeigen. Dieser harmlose Rat genügte, um die besorgten Eltern 1943 wegen Wehrkraftzersetzung zu verurteilen und hinrichten zu lassen. Einer Widerstandsgruppe im eigentlichen Sinn gehörte hingegen der Karlsruher Rechtsanwalt Reinhold Frank an. Er wurde in Zusammenhang mit dem Attentat auf Hitler vom 20. Juli 1944 verhaftet und am 23. Januar 1945 in Berlin-Plötzensee hingerichtet.

An der Freiburger Universität, die der Philosoph Martin Heidegger bei seinem Rektoratsantritt 1933 zur ersten „Führer-Universität" ausgerufen hatte, bildete sich eine für Baden bedeutende Widerstandsbewegung: der „Freiburger Kreis". Hochschullehrer, die dem Kreis angehörten, stellten in einer „Großen Denkschrift" Grundsätze für die *Neugestaltung des deutschen Staatslebens auf christlicher Grundlage und zur Siche-*

rung des Friedens auf. Nach dem Attentat auf Hitler wurden mehrere Mitglieder des Freiburger Kreises verhaftet, doch kam es nicht mehr zu einer Hauptverhandlung vor dem Volksgerichtshof.

Westwall-Zigeuner und Bombennächte: Krieg in Baden

Mit Beginn des Zweiten Weltkriegs im September 1939 war Baden Frontstaat geworden. Die „Rote Zone", das Gebiet unmittelbar an der Grenze, wurde evakuiert. Auch in der Landeshauptstadt Karlsruhe erhielten rund 48 500 Menschen „Marschausweise". Insgesamt wurden rund 120 000 Badener aus der Reichweite der französischen Geschütze gebracht. Man transportierte sie vorwiegend nach Württemberg, zum Teil aber auch bis in die Gegend von Linz und Salzburg. In Städten wie Schwäbisch Hall, Backnang und Marbach waren die Einwohner nicht eben begeistert darüber, dass Hunderte von Badenern zwangsweise bei ihnen einquartiert wurden: Als *Westwall-Zigeuner* wurden die Fremden geschmäht.

Da es an der Rheinfront vorerst ruhig blieb, durften die Evakuierten jedoch bald wieder in ihre Wohnungen zurückkehren, lediglich Kehl blieb geräumt. Mit dem Sieg über Frankreich schien die Gefahr für die Zivilbevölkerung dann weitgehend gebannt. Das Elsass wurde besetzt. Als Chef der Zivilverwaltung verfolgte der badische Gauleiter Robert Wagner dort eine rücksichtslose „Germanisierungspolitik". Mehr als 10 000 Menschen wurden ausgewiesen, Deutsch zur alleinigen Amtssprache bestimmt und selbst das Tragen von Baskenmützen verboten. Wagner nahm Sitz in Straßburg, auch einige Ministerien zogen um – nach einem „Endsieg" hätten die Nationalsozialisten vermutlich Straßburg zum neuen Zentrum des Gaus Baden-Elsass gemacht. In der Partei liebäugelte man bereits mit dem Gedanken, das Straßburger Münster in eine Heldengedenkstätte zu verwandeln.

In Baden verdüsterten unterdessen eine sich rapide verschlechternde Versorgungslage, vor allem aber die Bombennächte die Stimmung der Bevölkerung. Erste Luftangriffe hatte es bereits 1940 gegeben. Doch – anders als die NS-Propaganda es suggerierte – gingen keineswegs alle Todesopfer auf das Konto der Feinde. So handelte es sich bei den drei Flugzeugen, die am 10. Mai 1940 Freiburg bombardierten und 57 Menschen töteten, um deutsche Maschinen. Das Regime war aber nicht bereit zuzugeben, dass die Breisgau-Metropole von der eigenen Luftwaffe irrtümlich angegriffen worden war. Wegen des „Freiburger Kindermords" drohte es vielmehr Vergeltungsschläge gegen englische Städte an.

Hell erleuchtet: Die Grenzstadt Konstanz

Während seit Kriegsbeginn fast überall strenge Verdunkelungsvorschriften galten – die Straßenbeleuchtung blieb ausgeschaltet und Fenster mussten so abgedichtet werden, dass kein Lichtschein nach draußen drang –, erstrahlte Konstanz am Bodensee in hellem Glanz. Man verzichtete dort bewusst auf die Verdunkelung, um die Grenze zur Schweiz nicht zu markieren. Nachdem die Alliierten am 1. April 1944 irrtümlich das schweizerische Schaffhausen bombardiert und damit scharfe internationale Proteste auf sich gezogen hatten, vertraute man darauf, dass es in unmittelbarer Grenznähe keine weiteren Luftangriffe geben werde. In Konstanz wurden daher wichtige Kommandozentralen und Rüstungsbetriebe konzentriert.

Das später für den Luftkrieg typische Flächenbombardement erprobte die Royal Air Force erstmals im Dezember 1940 bei einem Angriff auf Mannheim. Diese Form der Kriegsführung setzten Briten und Amerikaner ab 1944 in großem Stil ein. Da die Ausstattung von mittleren und kleinen Städten mit Luftschutzbauten völlig unzureichend war, forderten die Angriffe dort vergleichsweise hohe Opferzahlen bei der Zivilbevölkerung.

23. Februar 1945: Pforzheims Schicksalstag

Einer der schrecklichsten Angriffe in der Geschichte des Bombenkrieges traf am 23. Februar 1945 Pforzheim: 368 Flugzeuge griffen abends um 8 Uhr die Stadt an, innerhalb von 22 Minuten

Das ausgebombte Pforzheim: Am 23. Februar 1945 starben innerhalb von 22 Minuten rund 18 000 Menschen. – Zeitgenössische Fotografie. Stadtarchiv Pforzheim.

warfen sie mehr als 1500 Tonnen Spreng- und Brandbomben ab. Die Innenstadt wurde völlig zerstört, in Flammen und Trümmern starben rund 18 000 Menschen – ein Drittel der damaligen Pforzheimer Bevölkerung. Insgesamt kamen durch den Zweiten Weltkrieg im Gebiet des späteren Baden-Württemberg annähernd 40 000 Zivilisten ums Leben. Darüber hinaus wurden 225 000 Wehrmachtsangehörige aus dem Südwesten getötet.

Alliierte Truppen drangen im November 1944 bei Straßburg und Basel an den Rhein vor. Ende März 1945 besetzten die Amerikaner Mannheim und Heidelberg. Französische Truppen rückten Anfang April in Bruchsal sowie Karlsruhe ein, sie stießen rasch nach Süden und Osten vor. Mit der Besetzung von Markdorf endete am 24. April 1945 der Krieg auf badischem Boden. Für viele Mädchen und Frauen war das Vorrücken der französischen Truppen mit traumatischen Erlebnissen verknüpft: Es kam zu zahlreichen Übergriffen; die Erzdiözese Freiburg schätzte die Zahl der Vergewaltigungsopfer auf 30 000 bis 40 000.

Württemberg-Baden und (Süd-)Baden

Baden wird geteilt

Die Alliierten hatten ursprünglich geplant, Baden nach Kriegsende komplett der amerikanischen Besatzungszone zuzuschlagen. Eine neue Situation ergab sich allerdings, als im Februar 1945 Frankreich als vierte Besatzungsmacht ins Spiel kam. Die französische Zone sollte aus dem britischen und amerikanischen Gebiet herausgeschnitten werden. Dem französischen Regierungschef und Oberbefehlshaber, Charles de Gaulle, lag viel daran, Baden und möglichst auch Württemberg unter seine Kontrolle zu bekommen. In den letzten Kriegstagen lieferten sich die französischen Truppen mit den Amerikanern einen regelrechten Wettlauf um die besten Stücke des Besatzungskuchens. Während die Amerikaner in den stark industrialisierten Rhein-Neckar-Raum und die sich bis zum Main erstreckenden ländlichen Gebiete eingerückt waren, hatten die Franzosen den gesamten Raum zwischen Bruchsal und Bodensee erobert. Auch Stuttgart befand sich zunächst in ihrer Hand.

Beim Gefeilsche um die Zonengrenzen konnte sich General de Gaulle trotzdem nicht durchsetzen. Die Amerikaner bestanden darauf, dass die gesamte Autobahn von Frankfurt über Karlsruhe bis München in ihrer Besatzungszone verlaufen müsse. Die Franzosen mussten sich schließlich hinter eine Linie südlich der Autobahn Karlsruhe–Pforzheim–Stuttgart–Ulm zurückziehen. Wieder einmal wurden Grenzen ohne jede Rücksicht auf Traditionen und Aversionen festgelegt: Die Amerikaner fassten Nordbaden und Nordwürttemberg zu dem Land Württemberg-Baden zusammen, Hauptstadt des Gebildes wurde Stuttgart.

Im August 1945 erhielt der ehemalige württembergische Wirtschaftsminister Reinhold Maier den Auftrag, in Stuttgart eine Regierung zu bilden. Der frühere badische Staatspräsident Heinrich Köhler wurde stellvertretender Ministerpräsident. Er bemühte sich, dem nordbadischen Landesbezirk innerhalb von

Das 1860 erbaute Colombischlössle in Freiburg wurde 1947 Sitz der badischen Regierung.

Württemberg-Baden eine gewisse Eigenständigkeit zu bewahren. Doch die amerikanische Militärregierung ließ keinen Zweifel daran, dass die Musik nunmehr in Stuttgart spiele.

Amerikaner und Franzosen verfolgten eine sehr unterschiedliche Besatzungspolitik. Das führte dazu, dass sie die Zonen mehr und mehr gegeneinander abschotteten. Diese Tendenz übertrug sich mit der zunehmenden Demokratisierung des öffentlichen Lebens auch auf die Regierungen der neuen Länder.

Freiburg – die badische Hauptstadt

Den Franzosen waren von Baden nur die Gebiete südlich von Rastatt geblieben. Nichtsdestotrotz wurde das unter französischer Kontrolle stehende Nachkriegsland als „Baden" bezeichnet. Zur „badischen" Hauptstadt wurde Freiburg bestimmt. Das ebenfalls unter französischer Besatzung stehende Süd-Württemberg wurde mit dem zuvor preußischen Hohenzollern vereinigt und firmierte nunmehr unter der Bezeichnung „Württemberg-Hohenzollern". Hauptstadt von Württemberg-Hohenzollern wurde Tübingen. Die französische Militärregierung nahm Sitz im unzerstörten Baden-Baden.

Da die ehemalige badische Hauptstadt Karlsruhe nunmehr von Stuttgart dominiert wurde, fühlte sich die Freiburger Regierung unter dem christlich-sozialen Politiker Leo Wohleb als Wahrerin der badischen Staatstradition. Diese Haltung fand sogar Eingang in die Verfassung des Nachkriegslandes Baden. Damit verbunden war der Anspruch der Südbadener, die Interessen ihrer nordbadischen Landsleute mit zu vertreten.

Das neue Land Baden umfasste etwa zwei Drittel des ehemaligen badischen Territoriums, bestand jedoch vorwiegend aus agrarisch strukturierten Gebieten. Der Rückstand in der Wirtschaftskraft gegenüber dem stark industrialisierten, nunmehr amerikanischen Norden wurde noch verschärft dadurch, dass die Franzosen – auch über die Währungsreform hinaus – eine rigorose Demontage-Politik betrieben. Die Besatzungsmacht ließ Tausende von Maschinen abmontieren und zusammen mit anderen Wirtschaftsgütern nach Frankreich schaffen, dessen eigene Wirtschaft sich nach dem Krieg in einem desolaten Zustand befand. Auch die natürlichen Ressourcen des besetzten Gebietes, insbesondere die Wälder, wurden rücksichtslos ausgebeutet. Um ein Zeichen gegen die Demontagen zu setzen, trat die erste badische Regierung unter Leo Wohleb im August 1948 offiziell zurück. Das klingt allerdings dramatischer als es war – geschäftsführend blieb die Regierung nämlich weiter im Amt.

Anders als die Franzosen rückten die Amerikaner relativ schnell von der Demontage-Politik ab. Sie zielten darauf ab, die Wirtschaft in ihrer Zone zu stärken, um die Versorgung der rasch wachsenden Bevölkerung zu gewährleisten.

Flüchtlinge und Heimatvertriebene

Dass die Bevölkerung trotz der vielen Kriegsopfer und der Geburtenausfälle schnell wuchs, lag vor allem an den zu Tausenden ins Land strömenden Flüchtlingen und Heimatvertriebenen. Zu ihrer *ordnungsgemäßen Überführung* hatten die Alliierten bei der Potsdamer Konferenz im Sommer 1945 eine vertragliche Regelung ausgearbeitet. Die Franzosen, die an der Konferenz nicht teilgenommen hatten, fühlten sich daran nicht gebunden. Sie lehnten es zunächst ab, Vertriebene in ihrer Zone aufzunehmen. Das amerikanisch besetzte Württemberg-Baden hingegen sah sich innerhalb eines Jahres mit dem Zuzug von mehr als einer halben Million Menschen konfrontiert. Rund 180 000 der Neuankömmlinge entfielen auf Nordbaden.

In den in Trümmern liegenden Städten wie Mannheim, Karlsruhe, Pforzheim und Bruchsal hatte man zwar einen riesigen Arbeitskräftebedarf, doch die Wohnungsnot stellte die Behörden vor beinahe unlösbare Probleme. So wurden viele der Neubürger zunächst in ländlich geprägten Kreisen wie Buchen, Mosbach, Sinsheim und Tauberbischofsheim einquartiert. In einzelnen Gemeinden reichte der Bevölkerungsanteil der Vertriebenen bald an die 30 Prozent heran.

Da für die Unterbringung der Flüchtlinge auch privater Wohnraum beschlagnahmt wurde, konnten die Neuankömmlinge nicht überall mit einem freundlichen Willkommen rechnen. Auch kulturell bedingte Vorbehalte ließen sich nicht leicht wegwischen. Die Vertriebenen, die keine Perspektive auf eine baldige Rückkehr hatten, zeigten jedoch eine hohe Integrations- und Leistungsbereitschaft. Auch wenn das „Flüchtlingsproblem" anfangs als drückend empfunden wurde – auf lange Sicht hat die Wirtschaft von den Zuwanderern profitiert. Von den Menschen, die 1961 in Baden-Württemberg lebten, hatte jeder fünfte (21 Prozent) seine Wurzeln im damals sowjetischen Machtbereich: Rund 1,2 Millionen zählten zu den Heimatvertriebenen (15,5 Prozent), 415 000 Menschen waren aus der Sowjetischen Besatzungszone beziehungsweise der DDR geflohen (5,4 Prozent).

Ab 1949/50 mussten auch (Süd-)Baden und Württemberg-Hohenzollern Vertriebene aufnehmen – der „Länderflüchtlingsausgleich" der neu gegründeten Bundesrepublik zwang sie dazu. Die Anteile der Neubürger an der Bevölkerung erreichten im Süden jedoch bei weitem nicht das Niveau von Württemberg-Baden. Da die Heimatvertriebenen deutsche Staatsbürger waren und als solche das Wahlrecht hatten, wurden sie zu einem wichtigen politischen Faktor in der jungen Bundesrepublik.

Kampf um den Südweststaat

Über die Schaffung eines Südweststaates aus Württemberg, Baden und Hohenzollern hatte man schon in der Weimarer Zeit nachgedacht, alle Gespräche in dieser Sache waren jedoch ergebnislos geblieben. Unter ganz anderen Voraussetzungen wurden die Diskussionen wieder aufgenommen, als im Juli 1948 die Militärgouverneure der Westzonen die Regierungschefs der Länder beauftragten, Vorschläge für eine Länderneugliederung zu erarbeiten. Die letztlich auf den logistischen Bedürfnissen der Amerikaner beruhende Dreiteilung des Südwestens, die den historischen Grenzziehungen zuwiderlief, galt allgemein als unbefriedigend. Jahrelang wurde um eine Neugliederung gerungen. Dabei dominierten in Württemberg-Baden und Württemberg-Hohenzollern die Befürworter einer Südweststaat-Lösung, während in (Süd-)Baden die Wiederherstellung der Vorkriegsländer favorisiert wurde.

Reinhold Maier, der liberale Stuttgarter Ministerpräsident, wollte unter allen Umständen verhindern, dass das wirtschaftlich starke Württemberg-Baden wieder auseinandergerissen wurde. Er konnte auf eine breite Unterstützung der politischen Kräfte in seinem Land rechnen. Selbst sein Stellvertreter, der ehemalige badische Staatspräsident Heinrich Köhler, schlug sich 1948 auf die Seite der Verfechter der württembergisch-badischen Einheit. Dahinter steckte die Angst, dass Nordbaden bei einer Wiederherstellung der alten Länder unter die Kontrolle der Besatzungsmacht Frankreich kommen könnte.

Das ländlich geprägte Württemberg-Hohenzollern hatte aus wirtschaftlichen Gründen ein massives Interesse daran, mit Württemberg-Baden zusammenzugehen. Darüber hinaus musste Staatspräsident Gebhard Müller (CDU) auch Mentalitätsfragen im Blick behalten: Im kleinen, ehemals preußischen Hohenzollern fanden viele Menschen die Idee, als Junior-Partner einem übermächtigen Württemberg zugeschlagen zu werden, eher unsympathisch. Mit „badischer Verstärkung" konnten sie sich eine Vereinigung mit Württemberg aber durchaus vorstellen. Die Südweststaat-Idee hatte in Hohenzollern schon in der Weimarer Zeit viele Anhänger gehabt.

In (Süd-)Baden hingegen misstraute man den „großschwäbischen" Annexionsplänen, Leo Wohlebs erklärtes Ziel war es, die alten Länder wiederherzustellen. Bei diesem Kurs stützte er sich in erster Linie auf seine südbadische CDU. Viele Sozialdemokraten und Liberale in Südbaden liebäugelten hingegen mit einem Südweststaat.

Die Gegner des Zusammenschlusses führten vor allem emotionale Gründe wie Heimatverbundenheit und Tradition ins Feld. Eine entscheidende Rolle spielte bei den „Alt-Badenern" die Befürchtung, dass badische Interessen gegen das größere Württemberg kaum durchzusetzen wären. Das zugkräftigste Argument der Südweststaatbefürworter war hingegen das wirtschaftliche Potenzial des geplanten, großen Bundeslandes. Sogar im Grundgesetz der Bundesrepublik Deutschland schlug sich die Südweststaat-Frage nieder. In Artikel 118 heißt es, dass die Neugliederung in dem die Länder Baden, Württemberg-Baden und Württemberg-Hohenzollern umfassenden Gebiet durch Vereinbarung der beteiligten Ländern erfolgen könne: *Kommt eine Vereinbarung nicht zustande, so wird die Neugliederung durch Bundesgesetz geregelt, das eine Volksbefragung vorsehen muss.*

Der Trick mit den vier Bezirken

Da eine vertragliche Vereinbarung nicht zu erzielen war, blieb nur die Neugliederung per Bundesgesetz. Umstritten war, auf welche Weise die erforderliche Volksbefragung durchgeführt werden sollte. Für den Freiburger Leo Wohleb stand fest, dass eine Abstimmung über die Zukunft des Südwestens nur auf der Basis der alten Länder erfolgen konnte. Der Stuttgarter Regierungschef Reinhold Maier hingegen plädierte für einen Abstimmungsmodus, den der Weinheimer Industrielle Richard Freudenberg, ein Vorkämpfer des Südweststaats, ersonnen hatte: Abgestimmt werden sollte demnach in vier Bezirken (Nordbaden, Südbaden, Nordwürttemberg und Südwürttemberg-Hohenzollern). Wenn sich in drei der vier Bezirke eine Mehrheit für den Südweststaat fände, sollte er beschlossene Sache sein.

Da man in Nordwürttemberg und Südwürttemberg-Hohen-

zollern mit einer überwältigenden Mehrheit für den Südweststaat und in Nordbaden zumindest mit einer dünnen Mehrheit
rechnen konnte, lief das Ganze darauf hinaus, dass das Votum
von Südbaden bedeutungslos wurde. Natürlich hat Wohleb das
erkannt – empört wies er den Vorschlag zurück.

Gebhard Müller von Württemberg-Hohenzollern konnte
sich für die Trickserei zunächst ebenfalls nicht erwärmen.
Wohlebs Parteifreund war überzeugt davon, dass sich auch im
alten Land Baden eine Mehrheit für die Gründung des Südweststaats finden werde. Auf Anregung des Tübinger Spitzen-
beamten Theodor Eschenburg führte man schließlich eine
Probeabstimmung durch. Der Test vom 24. September 1950
fiel für die Befürworter des Zusammenschlusses ernüchternd
aus: Zwar gab es – wie erwartet – in drei Bezirken eine Mehrheit für den Südweststaat. Zählte man jedoch nur die innerhalb
der alten badischen Grenzen abgegebenen Stimmen aus, ergab
sich eine knappe Mehrheit von 50,7 Prozent für die Wiederherstellung der alten Länder. Damit war klar: Der Südweststaat war
nur über den Vier-Bezirke-Modus durchsetzbar.

Den Südweststaat-Befürworten fiel es nicht schwer, in Bun-
destag und Bundesrat eine Mehrheit für die Abstimmung nach
dem Vier-Bezirke-Modus zustande zu bekommen. Die empörte
Freiburger Regierung zog dagegen vor das Bundesverfassungsgericht, das in Karlsruhe gerade erst die Arbeit aufgenommen
hatte. Die Klage der Südbadener wurde abgewiesen – allerdings
nicht mit einer überzeugenden Mehrheit. Vielmehr war es mit
sechs zu sechs Stimmen unter den Verfassungsrichtern zu einer
Patt-Situation gekommen. Immerhin: Der Weg für die Südwest-
staat-Abstimmung war frei. Sie fand nach einem erbittert ge-
führten „Wahl-Kampf" am 9. Dezember 1951 statt.

Die Abstimmung

Das Ergebnis entsprach den Erwartungen: In Südbaden stimmten 62,2 Prozent der Wähler für eine Wiederherstellung der
alten Länder; in Gesamtbaden hatten 52,2 Prozent und damit
sogar etwas mehr Wähler als bei der Probeabstimmung für die

alten Länder votiert. Dies spielte aber keine Rolle, da der Südweststaat in drei der vier Bezirke eine Mehrheit hatte: In Nordbaden stimmten 57,1 Prozent für den Zusammenschluss, in Nordwürttemberg 93,5 Prozent und in Südwürttemberg-Hohenzollern 91,4 Prozent.

Aufschlussreich ist ein Blick auf das Wählerverhalten innerhalb des alten badischen Landes. Überall dort, wo sich die einst von Napoleon gezogenen Grenzen als hinderlich für Wirtschaft und Handel erwiesen hatten, hatte der Südweststaat überdurchschnittliche viele Anhänger – am Unteren Neckar beispielsweise, im Kraichgau und in Pforzheim, aber auch im Bodenseegebiet. In der Kurpfalz, wo die Menschen sich ihrer vor-badischen Identität noch sehr bewusst waren, verfing die altbadische Argumentation ohnehin kaum. Ganz anders im Breisgau: Dort war das einstmals starke vorderösterreichische Bewusstsein längst badisch überlagert. Die Hochburgen der Altbadener aber befanden sich verständlicherweise in den einstigen badischen Kernlanden. Im Kreis Bühl stand es neun zu eins gegen den Südweststaat. Auch in der ehemaligen Hauptstadt Karlsruhe, im Kreis Bruchsal und in Offenburg dominierten die Altbadener deutlich.

Leo Wohleb: Verdienste eines „Nein"-Sagers

Ich scheide in Treue zu Baden und dem badischen Volk, das unser Herrgott segnen möge. Es lebe das badische Volk! Es lebe unsere badische Heimat. Mit dieser Radiobotschaft verabschiedete sich 1952 der letzte badische Staatspräsident Leo Wohleb. Als Gesandter der Bundesrepublik Deutschland ging der 64-Jährige nach Lissabon; seine Bemühungen um ein politisches Comeback als Bundestagsabgeordneter im Sommer 1953 scheiterten – ausgerechnet am Widerstand seiner südbadischen CDU. Wohleb, der am 12. März 1955 in Frankfurt starb, ist vielfach als provinzieller Bremser und rückwärtsgewandter „Nein"-Sager geschmäht worden. Seine Leistungen, zu denen ein vorbildliches Betriebsverfassungsgesetz, das erste deutsche Denkmalschutzgesetz und der Beginn der Aussöhnung mit Frankreich zählen, rücken erst in jüngerer Zeit verstärkt in den Blickpunkt historischer Würdigungen.

Baden im Südweststaat

Turbulenter Start

Am 25. April 1952 um 12.30 Uhr hob Reinhold Maier in der Verfassunggebenden Versammlung den noch namenlosen Südweststaat aus der Taufe. Seine Worte „Gott schütze das neue Bundesland" wären beinahe im Tumult untergegangen. Für die turbulenten Szenen sorgten die Christdemokraten, die als stärkste Fraktion davon ausgegangen waren, mit Gebhard Müller den Regierungschef zu stellen. Doch eine Koalition aus FDP/DVP, SPD und dem Bund der Heimatvertriebenen und Entrechteten (BHE) hatte den Liberalen Maier zum ersten Ministerpräsidenten des neuen Landes gewählt. Dass nun ausgerechnet der als Inbegriff schwäbischer Annexionsgelüste geltende frühere Ministerpräsident Württemberg-Badens an der Spitze des neuen Südweststaates stand, wurde von denjenigen, die den alten Ländern nachtrauerten, als eine „zweite Vergewaltigung Badens" interpretiert.

Das Land mit dem Doppelnamen

Turbulent ging es auch bei der Namensfindung für das neue Land zu. Das Thema bewegte Bevölkerung und Politik gleichermaßen. Obwohl das Territorium, das nun im Südweststaat zusammengefasst war, vor 1952 nie eine Einheit gebildet hatte, wurden Bezeichnungen, die eine vermeintliche historische Kontinuität suggerierten, hoch gehandelt: „Schwaben" oder „Rheinschwaben" hatte ebenso Anhänger wie „Staufen" und „Alemannien". Da aber letztlich keiner der Vorschläge die enorme geschichtliche und kulturelle Vielfalt des neuen Landes spiegelte und man wohl auch den Altbadenern eine goldene Brücke bauen wollte, fiel schließlich im Herbst 1953 die Entscheidung für Baden-Württemberg. Damit wurden Warnungen in den Wind geschlagen, wonach der Doppelname die Bemühungen um ein Zusammenwachsen des Landes ad absurdum führen würde. Heute (Stand 2010) liest man auf der Homepage des Landes, dass aus dem „Trennungsstrich" zwischen Baden und Württemberg längst ein „Bindestrich" geworden sei.

Der Kampf um die Wiederherstellung des alten Landes Baden war mit der Gründung Baden-Württembergs nicht beendet. Der 1952 gegründete „Heimatbund Badnerland" bemühte ein weiteres Mal das Bundesverfassungsgericht und ungeachtet dessen früherer Entscheidung erging am 30. Mai 1956 ein Urteil, das den Südweststaat erneut in Frage stellte. Da bei der Abstimmung von 1951 der Wille der badischen Bevölkerung durch *die Besonderheit der politisch-geschichtlichen Entwicklung* überspielt worden sei, räumten die Richter dem Heimatbund das Recht ein, gemäß Artikel 29 des Grundgesetzes ein Volksbegehren anzustreben.

Das Votum für Baden-Württemberg

Bei dem im September 1956 in Baden durchgeführten Volksbegehren wurde das Quorum erreicht, das erforderlich war, um den Weg für eine neue Volksabstimmung über die Landeszugehörigkeit frei zu machen. Die Abstimmung selbst ließ allerdings sagenhafte 14 Jahre auf sich warten. Es lasse sich verstehen, schrieb die in Freiburg erscheinende Badische Zeitung, *wenn diese wie eine Rechtsverweigerung anmutende Verschleppung viel böses Blut bei den Anhängern Badens gemacht hat.* Als es am 7. Juni 1970 endlich so weit war, gingen über 62 Prozent der Wahlberechtigten in Baden an die Urnen. Ihr Votum war für die Altbadener ein schwerer Schlag: Fast 82 Prozent stimmten für den Verbleib Badens im Südweststaat.

Streicheleinheiten für die badische Seele

Die Landesregierung in Stuttgart bemühte sich in den 50er- und 60er-Jahren, die Badener mit öffentlichkeitswirksamen Streicheleinheiten zu bedenken. Die Bevölkerung sollte erkennen, dass sie vom Zusammenschluss profitierte. So wurden bereits 1952 die Arbeiten für die Fortführung der Rheintal-Autobahn aufgenommen, die damals noch beim Karlsruher Stadtteil Rüppurr endete. Elf Jahre später konnten die Autofah-

BADENIA LIBERA

50 Jahre sind genug!

Badenia Libera: Auch wenn sich 1970 die meisten Badener für einen Verbleib Badens im Südweststaat ausgesprochen haben, ist der Ruf nach „Freiheit" nicht gänzlich verhallt.

rer auf der A 5 bis Basel durchfahren. Ebenfalls 1952 begann die Elektrifizierung der Rheintalbahn.

In Karlsruhe, der ehemaligen Hauptstadt, waren die Befürchtungen, durch den Zusammenschluss Nachteile zu erleiden, besonders ausgeprägt. In Stuttgart war man schlau genug, Institutionen, die eng mit dem Selbstverständnis der Karlsruher (und der Badener) verbunden sind, nicht anzutasten. So gibt es bis heute ein Badisches Staatstheater, ein Badisches Landesmuseum, ein Staatliches Naturkundemuseum Karlsruhe und eine Badische Landesbibliothek – und jeweils ein Pendant dazu in Stuttgart.

In Karlsruhe freilich fürchtete man nicht nur um die großen kulturellen Einrichtungen. Die Stadt, die bis 1945 vom Beamtentum geprägt war, bemühte sich mit freundlicher Unterstützung aus Stuttgart sowohl um die Ansiedlung von Industrieunternehmen als auch um Behörden. Auf Drängen des Karlsruher Oberbürgermeisters verlegte Baden-Württemberg den Landesrechnungshof ins Badische und auch der Hauptsitz der Gemeindeprüfungsanstalt kam nach Karlsruhe. Im Jahr 1954 konnte sich Karlsruhe zudem rühmen, Sitz von 20 Bundesbehörden zu sein. 1956 wurde darüber hinaus im Hardtwald nördlich von Karlsruhe eine Einrichtung angesiedelt, mit der Deutschland Anschluss an das Atomzeitalter finden wollte: die Kernreaktor Bau- und Betriebsgesellschaft mbH, das spätere Kernforschungszentrum Karlsruhe.

Von der badischen Residenz zur Residenz des Rechts

Von besonderer Bedeutung für Karlsruhe ist das 1951 gegründete Bundesverfassungsgericht, um das sich zwölf Städte beworben hatten. Es war zunächst im Prinz-Max-Palais untergebracht, aber seit 1969 verkünden die Hüter der Verfassung ihre Urteile in einem Amtsgebäude unmittelbar beim ehemaligen badischen Residenzschloss. Mit rund 180 000 Verfahren waren die Richter in den roten Roben von 1951 bis 2009 befasst – dabei handelte es sich ganz überwiegend um Verfassungsbeschwerden. Von denen waren zwar nur 2,4 Prozent erfolgreich, doch wenn „Karlsruhe spricht", ist eine bundes-, wenn nicht gar europaweite Aufmerksamkeit gewiss. Das Bundesverfassungsgericht hat maßgeblich dazu beigetragen, das demokratische Selbstvertrauen der deutschen Bürger zu stärken.

Auch der Bundesgerichtshof und die Bundesanwaltschaft haben ihren Sitz in Karlsruhe. Die hohe Juristen-Dichte brachte der Stadt freilich nicht nur Ruhm und Ehre. Ein trauriges Kapitel der Karlsruher Geschichte wurde am 7. April 1977 geschrieben, als Terroristen Generalbundesanwalt Siegfried Buback und seine zwei Begleiter auf offener Straße ermordeten. Der RAF-Terrorismus hatte Baden-Württemberg im Mai 1972 mit einem Anschlag auf das Heidelberger Hauptquartier der US-Streitkräfte erreicht. In Karlsruhe wurde im selben Monat ein Anschlag auf das Auto von Bundesrichter Wolfgang Buddenberg verübt, der für die Ermittlungen gegen die Rote Armee-Fraktion zuständig war. Seine Frau wurde dabei schwer verletzt.

Bewusst nicht als Justizpalast geplant wurde das Gebäude des Bundesver-
fassungsgerichts beim Karlsruher Schloss, in dem die Richter in den roten
Roben seit 1969 die Verfassung hüten.

Konstanz bekommt eine Universität

Auch den Südbadenern wurde der Südweststaat mit dem ein
oder anderen Bonbon aus Stuttgart versüßt. Eine Universitäts-
gründung in Konstanz, die Ministerpräsident Kurt Georg Kie-
singer bereits 1959 bei einer Rede in Singen „angedacht" hatte,
sollte vordergründig dazu dienen, die überfüllten Hochschulen
des Landes zu entlasten. Eigentliches Ziel aber war die Gewin-
nung der Bodenseeregion für den neuen Staat. 1964 beschloss
der Landtag, in Konstanz ein Modell der Hochschul- und Stu-
dienreform zu verwirklichen. Der Grundstein für die Reform-
Uni, eine der wenigen deutschen Campus-Universitäten, wurde
1966 gelegt. Wenige Jahre danach wurde die deutsche Hoch-
schullandschaft von schweren Studentenunruhen erschüttert.
Obwohl in Konstanz keine Rede sein konnte von einem „Muff
von 1000 Jahren", gingen die Unruhen an der jüngsten badischen Universität nicht vorbei. Hochburg der Studentenbewe-
gung wurde jedoch Heidelberg.

Badische Eliten: Leuchttürme der Wissenschaft

Konstanz sei auf *einem guten Weg, ein weltweit anerkannter Leuchtturm der Wissenschaft zu werden*, sagte Bundesforschungsministerin Annette Schavan, als sie im Oktober 2007 der Hochschule am Bodensee zur Auszeichnung als „Exzellenz-Universität" gratulierte. Konstanz war nicht der einzige derartige Leuchtturm in Baden. Die Universität Karlsruhe hatte bereits bei der ersten Runde der Exzellenzinitiative, mit der Bund und Länder die Spitzenforschung an den deutschen Hochschulen fördern wollten, den Sprung „in die Bundesliga" geschafft. Die Fridericiana gehörte mit zwei Münchner Universitäten zu den ersten deutschen Elite-Unis. In der zweiten Runde 2007, als bundesweit sechs weitere Elite-Hochschulen gekürt wurden, kam Baden gleich drei Mal zu Ehren: Neben Konstanz erhielten auch die traditionsreichen Universitäten Heidelberg und Freiburg die Bestätigung, dass sie „Spitze" sind.

Für die Forschungslandschaft bedeutete der Erfolg, den die Uni Karlsruhe bei der Exzellenz-Initiative einfuhr, auch eine Veränderung, an die sich viele Badener bis heute noch nicht ganz gewöhnt haben: Die „Universität Karlsruhe" gibt es nicht mehr, geforscht und gelehrt wird vielmehr am KIT. Das Kürzel steht für „Karlsruher Institut für Technologie". Es wurde im Oktober 2009 als Zusammenschluss des Forschungszentrums Karlsruhe (früher: Kernforschungszentrum) und der Universität gegründet. Dafür wurde eigens ein Gesetz erforderlich, denn im KIT sind eine Universität in Landeshoheit und eine Großforschungseinrichtung der Helmholz-Gemeinschaft vereint. Mit rund 8800 Mitarbeitern und einem Jahresbudget von etwa 700 Millionen Euro (Stand: 2010) handelt es sich um eine der weltweit größten Forschungs- und Lehreinrichtungen.

Das Wirtschaftswunderland

Den wichtigsten Beitrag zur Akzeptanz Baden-Württembergs leistete zweifellos der wirtschaftliche Erfolg. Hatten bereits im Kampf um den Südweststaat die ökonomischen Argumente eine schlagende Rolle gespielt, so schien das Wirtschaftswunder, ermöglicht durch die Währungsreform von 1948, die an das neue Land geknüpften Hoffnungen aufs Schönste zu erfüllen.

Aenne Burda: Die Königin der Mode

Eine Erfolgsgeschichte der weiblichen Art schrieb die Offenburger Unternehmerin Aenne Burda (1909–2005): *Der Wunsch nach Schönheit ist krisenfest,* war ihre Überzeugung. Die mit dem Drucker Franz Burda verheiratete Aenne Burda übernahm 1949 einen kleinen Verlag in Lahr mit 48 Mitarbeitern. Ihre Idee, den Frauen der Nachkriegszeit zu modischer, tragbarer und vor allem auch bezahlbarer Kleidung zu verhelfen, erwies sich als Volltreffer. Selbstgeschneidertes stand hoch im Kurs, Aenne Burdas kleiner Schnittmusterverlag mauserte sich zum Modeimperium. Die Zeitschrift „Burda Moden" wurde schließlich in 120 Ländern der Welt verkauft. Ein Höhepunkt im Leben der Verlegerin war die Einführung von „Burda Moden" auf dem sowjetischen Markt im Jahr 1987.

Nach dem Fall der Mauer 1989 kam es zu einer anhaltenden Abwanderung Ostdeutscher in die westlichen Bundesländer. Wegen seines attraktiven Arbeitsmarktes gehörte Baden-Württemberg zu den bevorzugten Zielen. Trotz der Einbrüche durch die globale Wirtschaftskrise 2009 gehört der industrie- und exportintensive Südweststaat zu den wohlhabenden Ländern in Deutschland und Europa. Technische Dienstleistungen sind im „Ländle" überdurchschnittlich repräsentiert, mit einem überdurchschnittlichen Anteil an mittelständischen Betrieben mit bis zu 2000 Beschäftigten ist Baden-Württemberg im bundesweiten Vergleich gut aufgestellt. Auch sind die Betriebsstandorte recht günstig über das Land verteilt, wenngleich sich fast die Hälfte der Produktion heute auf die Ballungsräume Mittlerer Neckar (Stuttgart), Rhein-Neckar (Mannheim) und Mittlerer Oberrhein (Karlsruhe) konzentriert. Dass Stuttgart in dieser Hinsicht die Nase ganz vorn hat, ruft im badischen Landesteil nicht nur Wohlwollen hervor.

Als nach der Volksabstimmung von 1970 kein Zweifel mehr bestehen konnte, dass das Land Baden-Württemberg auch in den Köpfen seiner badischen Bewohner angekommen war, sah man in Stuttgart nicht mehr die Notwendigkeit, die Hätschel-Politik der frühen Jahre weiterzubetreiben. Während im badischen Landesteil, vor allem in Karlsruhe, über einen zunehmenden Zentralismus der Stuttgarter geklagt wurde, sprach (und spricht) man dort von der ganz normalen Sogwirkung einer Landeshauptstadt. Dies wollen aber keineswegs alle Badener so einfach hinnehmen. 1992, also 40 Jahre nach der Gründung Baden-Württembergs, entstand in Karlsruhe als überparteiliche Bürgerinitiative die „Landesvereinigung Baden in Europa".

Die Landesvereinigung betont die herausragende Rolle, die der „europäischen Kernregion" am Oberrhein mit ihren vielfältigen Verflechtungen über die Ländergrenzen hinweg zukommt, und sieht sich berufen, die Anliegen dieses Raumes gegenüber der Landesregierung energisch zu vertreten. Insbesondere prangert die Landesvereinigung die „ungesunde Massierung" von Landesbehörden, Institutionen und Verbänden in Stuttgart an, der die Hauptverwaltungen von Banken, Versicherungen und anderen Einrichtungen oft mit Unterstützung der Landesregierung folgten. Da sich die Landesvereinigung auf zirka 11 000 Mitglieder stützt (Stand 2011), konnte sie sich zu einem Stachel im Fleisch von Landesregierung und Landtag entwickeln.

Gebietsreform: Über alte Grenzen hinweg

Dass Landtag und Landesregierung in den 70er-Jahren glaubten, keine gesteigerte Rücksicht mehr auf die Empfindlichkeiten der Badener nehmen zu müssen, zeigte sich nicht zuletzt an der Verwaltungs- und Gebietsreform, die als große Leistung der bis 1972 regierenden Großen Koalition gilt und für eine effektivere Arbeit der Behörden sorgen sollte. Dabei ignorierten die Geburtshelfer der territorialen Verwaltungs-Neugliederung bewusst die historischen Grenzen von Baden, Württemberg und Hohenzollern. Heute sind ehemals badische Gemeinden in allen vier Regierungsbezirken des Landes zu finden.

Aus den ursprünglich 63 Landkreisen in Baden-Württemberg wurden zunächst 35 Landkreise geschmiedet, die teilweise einen völlig neuen Zuschnitt erhielten. So wurde beispielsweise der Bodenseekreis aus den Gemeinden des früheren Landkreises Tettnang (Südwürttemberg-Hohenzollern) und einigen (aber nicht allen) Gemeinden des ehemaligen Landkreises Überlingen (Südbaden) zusammengewürfelt. Durch den neuen Zuschnitt der Landkreise änderte sich auch der Zuständigkeitsbereich der vier Regierungsbezirke. Deren historische Landesbezeichnungen (Nordbaden, Südbaden, Nordwürttemberg und Südwürttemberg-Hohenzollern) gab man auf, stattdessen wurden die Regierungbezirke umbenannt nach dem Sitz der Behörden in Karlsruhe, Freiburg, Stuttgart und Tübingen. Auf diesem Weg landete beispielsweise das einst nordbadische Tauberbischofsheim im Regierungsbezirk Stuttgart.

Im „Ersten Gesetz zur Verwaltungsreform", das die Landesregierung Anfang 1971 vorlegte, war vorgesehen, die Zahl der Stadtkreise von neun auf acht zu reduzieren. Gegen die geplante Auflösung des Stadtkreises Baden-Baden erhoben sich aber dermaßen starke Proteste, dass der Landtag schließlich den Erhalt des kleinsten Stadtkreises Baden-Württembergs beschloss. Kein Erfolg beschieden war ähnlich heftigen Forderungen, den Landkreis Bruchsal weiter bestehen zu lassen. Empört reagierten viele Bürger im Autofahrerland Baden-Württemberg auch darauf, dass sie lieb gewonnene Kfz-Kennzeichen abgeben mussten. Schließlich verschwanden mit den entsprechenden Landkreisen landesweit 28 amtliche Kennzeichen, darunter SNH (Sinsheim), LR (Lahr), DS (Donaueschingen) MÜL (Müllheim), STO (Stockach) und WO (Wolfach).

Noch erbitterter als um die Kreisreform wurde um die Gemeindereform gestritten. Zwar erfolgten die Zusammenschlüsse beziehungsweise Eingemeindungen überwiegend auf freiwilliger Basis – „Heiratswillige" durften mit einer ansehnlichen Mitgift von Vater Staat rechnen –, doch es blieben immerhin 251 Gemeinden, die schließlich gezwungen wurden, ihre Selbstständigkeit aufzugeben. Die Zahl der baden-württembergischen Gemeinden schrumpfte von 3379 auf 1108. Von den neu gebildeten Gemeinden erhielten 165 Kunstnamen. So wurden im Landkreis Karlsruhe etwa Forchheim, Mörsch und Neuburgweier zu Rheinstetten vereint, im Rhein-Neckar-Kreis fanden Großsachsen und Leutershausen unter der Bezeichnung Hirschberg an der Bergstraße zusammen.

Villingen-Schwenningen: Die Bindestrich-Stadt

Ein „Lieblingskind" der Verwaltungsreform war Villingen-Schwenningen, das Zentrum des neu geschaffenen Schwarzwald-Baar-Kreises (Regierungsbezirk Freiburg). Die Stadt entstand aus dem Zusammenschluss der Zähringergründung Villingen, die von 1326 bis 1802 zu Vorderösterreich gehörte und dann badisch wurde, sowie dem württembergischen Schwenningen, einem ehemaligen Arbeiterdorf. Auch konfessionell passten die beiden Orte nicht zusammen: Villingen ist traditionell katholisch, Schwenningen protestantisch. Während des 30-jährigen Krieges hatten die Schwenninger sich sogar an einer Belagerung Villingens beteiligt. Als Bindestrich-Stadt im Bindestrich-Land wurde Villingen-Schwennigen 1972 aber geradezu zum Modell für Baden-Württemberg. Traditionen lassen sich freilich nicht von Amts wegen „reformieren": Die Mentalitätsunterschiede zwischen dem badischen und dem württembergischen Teil der Stadt sind bis heute deutlich spürbar.

Die Umwelt rückt in den Fokus

Schaumteppiche auf dem Neckar, tote Fische im Rhein, Algenfelder auf dem Bodensee: Ein Thema, das in Baden-Württemberg mit seinem starken industriellen Wachstum rasant an Bedeutung gewann, war der Landschafts- und Umweltschutz. Vor allem die Verschmutzung des Wassers und der Luft machten deutlich, dass die Umwelt ein Gut ist, das der Staat schon im eigenen Interesse schützen muss.

Entsprechende Anstrengungen setzten relativ früh ein, wobei es der Politik bewusst war, dass Umweltprobleme nicht an den Landesgrenzen Halt machen. So arbeitet Baden-Württemberg seit 1959 in der Internationalen Gewässerschutzkommission für den Bodensee mit den angrenzenden Ländern und Kantonen zusammen. 1975 wurde beschlossen, in Karlsruhe eine Landesanstalt für Umweltschutz einzurichten. Ein eigenständiges Umweltministerium schuf man allerdings erst 1987; erster Umweltminister wurde der vorherige Ettlinger Oberbürgermeister Erwin Vetter (CDU). Seit 1980 ist im Landtag zudem eine Partei vertreten, die sich als Erste explizit die Umwelt- und Friedenspolitik auf die Fahnen geschrieben hatte: die Grünen. Sie verdankten ihren Einzug in das Parlament damals vor allem jungen Wählern und hatten ihre Hochburgen in den Universitätsstädten, allen voran Freiburg.

Bei Kollisionen von Umweltschutzbelangen und Interessen von Wirtschaft und Industrie hatten die Verfechter ökologischer Positionen es anfänglich recht schwer durchzudringen. So verliefen die Pläne für die Schiffbarmachung des Hochrheins, die als badisches Pendant zum Ausbau des Neckarkanals Ende der 1950er-Jahre heftig diskutiert wurden, nicht nur deshalb im Sand, weil man eine alte Kulturlandschaft erhalten wollte. Vielmehr war der industrielle Nutzen umstritten: Nicht nur Heimatschützer, sondern auch Wasserwirtschaft und Eisenbahnen standen dem Projekt skeptisch gegenüber.

Immer häufiger sahen sich Bürgerinitiativen berufen, die Interessen von Landschaft und Umwelt gegen deren Ausbeutung durch Wirtschaft und Industrie und eine zögerliche Haltung der Politik zu schützen. Die Bemühungen zur Rettung der Wutachschlucht sind ein frühes Beispiel: Noch im alten Land (Süd-)Baden hatten sich mehrere Freiburger Heimat- und Naturschutzvereine zusammengetan. Sie wollten verhindern, dass im Naturschutzgebiet unterhalb der Haslachmündung eine 62 Meter hohe Mauer errichtet wurde, um die Quellflüsse der Wutach aufzustauen. 1953 gründete sich dann die Arbeitsgemeinschaft Heimatschutz Schwarzwald, der 18 südbadische Vereine mit insgesamt 80 000 Mitgliedern angehörten. Sie sammelten 185 000 Unterschriften gegen das vom Schluchseewerk geplante Projekt. Trotzdem ging 1955 der Antrag auf die bau- und wasserrechtliche Genehmigung beim Landratsamt Hochschwarzwald in Neustadt ein. Anfang der 60er-Jahre wurde das Projekt schließlich auf Eis gelegt.

In den 70er-Jahren, als in den Industriestaaten die Diskussion über die Endlichkeit der natürlichen Ressourcen begann, wurde das Thema Energie zum Politikum. Die Ölkrise von 1973, die eigentlich nur eine Ölpreiskrise war, lenkte die Aufmerksamkeit von Politik, Wirtschaft und Industrie verstärkt auf andere Energieträger, damals vorrangig auf die Atomenergie. In Obrigheim war 1968 das erste kommerzielle Kernkraftwerk in Baden-Württemberg ans Netz gegangen (es wurde 2005 nach knapp 37 Betriebsjahren abgeschaltet), zwei Jahre später begann die Errichtung des Kernkraftwerks Philippsburg, das 1979 beziehungsweise 1984 (Block 2) ans Netz ging. Als dritter Standort mit zwei Reaktoren kam Neckarwestheim im Landkreis Heilbronn hinzu. In den 70er-Jahren ging die Regierung davon aus, dass zur Sicherung der Energieversorgung noch deutlich mehr Anlagen erforderlich wären: Man schätzte den Bedarf im Baden-Württemberg auf neun Kernkraftwerke bis zum Jahr 2000.

Die Bevölkerung zeigte sich allerdings zunehmend skeptisch gegenüber der Kernenergie. In der jungen Bundesrepublik hatte vor allem die Angst vor einem Atomkrieg die Menschen bewegt – so boykottierte aus Protest gegen die Atombewaffnung der Bundeswehr der kleine Ort Linkenheim in der Nähe von Karlsruhe 1957 sogar die Bundestagswahl (nur zwei Prozent der Wahlberechtigten gingen dort an die Urnen). Doch jetzt wurde auch die friedliche Nutzung der Kernenergie mit Fragezeichen versehen.

Als die Badenwerk AG 1971 eine Standortgenehmigung für ein Kernkraftwerk in Breisach beantragte, bildeten sich rasch Bürgerinitiativen gegen das Projekt. Vor allem die Winzer gingen auf die Barrikaden – sie befürchteten, dass die Kondenzdämpfe aus den Kühltürmen ihrem Wein schaden würden. Die Proteste waren so massiv, dass die Kraftwerksbetreiber auf einen anderen Standort umschwenkten: den Rheinauewald bei Wyhl am Kaiserstuhl. Dort allerdings kamen die Befürworter der Kernenergie vom Regen in die Traufe. Zwar sprachen sich Anfang 1975 bei einem Bürgerentscheid in Wyhl 55 Prozent der Wähler für den Bau des Kernkraftwerkes aus – die Aussicht auf

Badische Initiativen taten sich mit elsässischen Kernkraftgegnern zusammen und leisteten Widerstand gegen das AKW im Wyhler Wald. – Foto von Meinrad Schwörer. BUND Archiv.

satte Gewerbesteuereinnahmen scheint sehr beflügelnd gewirkt zu haben –, doch die Proteste rissen nicht ab.

Badische Initiativen taten sich mit elsässischen Kernkraftgegnern zusammen, das Baugelände wurde besetzt. Noch im Februar 1978 prophezeite Ministerpräsident Filbinger, der die Kernkraftgegner sämtlich als Extremisten über einen Kamm scherte, dass ohne das Kernkraftwerk in Wyhl *zu Ende des Jahrzehnts die ersten Lichten ausgehen* würden. Unter Filbingers Nachfolger Lothar Späth setzte sich jedoch die Auffassung durch, dass man die erstarkenden Bürgerinitiativen ernst nehmen müsse. 1987, im Jahr nach der Reaktorkatastrophe von Tschernobyl, wurde der Öffentlichkeit mitgeteilt, dass man auf den Bau des Kernkraftwerkes in Wyhl verzichte. Ein völliges Umdenken in Sachen Kernkraft setzte 2011 nach der Atomkatastrophe im japanischen Fukushima ein. In diesem Jahr bekam Baden-Württemberg mit Winfried Kretschmann den ersten grünen Ministerpräsidenten Deutschlands. Zuvor hatte 58 Jahre lang die CDU den Regierungschef gestellt.

Ein Thema, das Umweltbewusste seit Mitte der 70er-Jahre umtrieb und in den 80er-Jahren zum Politikum wurde, war das Waldsterben: Baden-Württemberg gehörte den Waldschadenserhebungen zufolge zu den am stärksten betroffenen Flächenländern. Obwohl das Problem akut blieb und Mitte der 90er-Jahre etwa die Hälfte der Tannen im Land geschädigt war, ist das Thema weitgehend aus den Medien verschwunden – schließlich haben sich Untergangsszenarien, wonach der Schwarzwald in naher Zukunft eine Wüste werden würde, ganz offensichtlich nicht erfüllt.

Eher langsam entwickelte sich in der Bevölkerung ein Bewusstsein für die Problematik des Klimawandels, der sich durch vermehrte Wetterextreme wie Stürme, Hochwasser und lang andauernde Hitzeperioden ankündigt. Das Landschaftsbild im Schwarzwald über Jahre hinweg verändert hat der Orkan „Lothar", der am zweiten Weihnachtsfeiertag 1999 mit Windgeschwindigkeiten von über 200 km/h tobte, 30 Millionen Kubikmeter Holz zu Boden warf und in den Wäldern riesige Kahlflächen hinterließ. Baden-Württemberg – und hier der Nordschwarzwald – gehörte zu den besonders stark betroffenen Gebieten.

Neuen Forschungen zufolge wird sich der Klimawandel in Deutschland regional sehr unterschiedlich auswirken. In Baden-Württemberg wird die Erwärmung nach Prognosen des Regionalen Klimaatlas, den die Helmholtzgemeinschaft unter Mitwirkung des KIT erstellte, am stärksten ausgeprägt sein. Die Wissenschaftler gehen davon aus, dass sich die Jahresdurchschnittstemperatur bis zum Ende des 21. Jahrhunderts um mindestens 2,2 Grad, maximal um 6,3 Grad erhöht. Die Skigebiete im Schwarzwald werden sich also darauf einstellen müssen, dass gute Wintersportbedingungen seltener werden.

Jenseits aller Probleme:
„Schwarzwaldmädel" und „Schwarzwaldklinik"

Die Unterhaltungsindustrie nutzt den Schwarzwald gerne als idyllische Kulisse. Dabei bilden harmlose Produktionen oft einen Gegenpol zu wenig erfreulichen Realitäten. Während im Sommer 1917 der Erste Weltkrieg eskalierte, feierte in Berlin Léon Jessels Operette „Schwarzwaldmädel" Premiere. Als den Deutschen 1950 die Mühsal des Wiederaufbaus nach dem Zweiten Weltkrieg noch in den Knochen steckte, kam die erste „Schwarzwaldmädel"-Verfilmung in Farbe in die Kinos. Die Romanze mit Sonja Ziemann und Rudolf Prack, die unter anderem in St. Peter und St. Märgen gedreht wurde, war ein sensationeller Erfolg. In den 80er-Jahren schien kein Hahn mehr nach Heimatfilmen zu krähen – doch ausgerechnet als sich alle Welt über das „Waldsterben" aufregte, feierten sie in der Form einer Seifenoper Auferstehung: „Die Schwarzwaldklinik" mit Klausjürgen Wussow und Gaby Dohm, die 1985 bis 1989 in 72 Folgen vom ZDF ausgestrahlt wurde, schrieb wegen ihrer enormen Einschaltquoten Fernsehgeschichte. Die „Schwarzwaldklinik" selbst, eine Kurklinik der Landesversicherungsanstalt Württemberg im badischen Glottertal, wurde zur Pilgerstätte für unzählige Touristen.

Ausverkauf im Hause Baden

Eher unauffällig leben die Nachfahren der Großherzöge von Baden im Südweststaat. Die markgräfliche Familie ist, was die Selbstdarstellung in den Medien angeht, vornehm zurückhaltend. Für Aufsehen sorgten allerdings Immobilienverkäufe, zu denen sich Markgraf Max (* 1933) und sein Sohn, Erbprinz Bernhard (* 1970), wegen finanzieller Schwierigkeiten gezwungen sahen. 1995 ließ die markgräfliche Familie das Inventar des Neuen Schlosses in Baden-Baden versteigern. Das Land Baden-Württemberg, das sich das „Komplettpaket" nicht leisten konnte (oder wollte), sicherte sich im Vorfeld für 45 Millionen Mark einige besonders herausragende Kunstschätze. Der stolze Rest – er bestand aus rund 25 000 Objekten – kam unter den Hammer und brachte dem Adelshaus Zeitungsmeldungen zufolge rund

Das Neue Schloss in Baden-Baden wurde 2003/04 an eine Unternehmens-gruppe aus Kuwait verkauft, 2010 begann der Umbau zum Luxushotel.

80 Millionen Mark ein. Mitgesteigert hatte auch das Badische Landesmuseum, das Sponsoren- und Spendengelder einsetzte, um möglichst viel Kulturgut „für Baden zu retten". Das nunmehr seiner Schätze beraubte Schloss in Baden-Baden verkaufte die markgräfliche Familie 2003/04 an eine in Kuwait ansässige Unternehmensgruppe, die das prachtvoll über der Kurstadt gelegenen Renaissance-Gebäude zu einem Luxushotel ausbauen will. 2010 fand die symbolische Grundsteinlegung statt.

Der Kulturgüterstreit

Die finanzielle Misere des Hauses Baden war mit den spektakulären Verkäufen nicht behoben. Seit 2004 verhandelte Erbprinz Bernhard als Generalbevollmächtigter der markgräflichen Familie mit dem baden-württembergischen Finanzministerium über die Zukunft von Schloss Salem. In das ehemalige Kloster hatte sich Prinz Max nach dem Ende der Monarchie zurückgezogen. Nun sahen sich seine Nachfahren nicht mehr in der

Lage, die riesige Anlage, zu der neben den barocken Klostergebäuden auch ein gotisches Münster gehört, zu unterhalten. Erbprinz Bernhard und die Regierung handelten zur Sicherung des Kulturdenkmals ein Konzept aus, mit dem sie zugleich einen seit langem schwelenden Streit zwischen dem Adelshaus und dem Land Baden-Württemberg ausräumen wollten.

Nach der Abdankung des letzten badischen Großherzogs im Jahr 1918 waren nicht alle Eigentumsfragen so eindeutig geklärt worden, wie man es sich später gewünscht hätte. Im Jahr 2006 wurde bekannt, dass zwischen dem Haus Baden und dem Land Baden-Württemberg Kulturgüter und Museumsstücke im Wert von 250 bis 300 Millionen Euro strittig seien. Die Lösung, auf die Prinz Bernhard und das Land verfielen, sah vor, dass die umstrittenen Sammlungen sämtlich in das Eigentum des Landes übergehen sollten. Im Gegenzug wollte das Land dem Haus Baden einen *Bücherbestand im finanziellen Gegenwert von bis zu 70 Millionen Euro* zugestehen. Dabei handelte es sich um wertvolle mittelalterliche Handschriften und frühe Druckwerke aus der Badischen Landesbibliothek, die auf dem Kunstmarkt verkauft werden sollten. Der Erlös war dafür vorgesehen, den Unterhalt Salems sicherzustellen und die Aufwendungen zu bestreiten, die die markgräfliche Familie in der Vergangenheit für die Renovierung und Instandhaltung von Schloss und Münster erbracht hatte. Zu guter Letzt sollte das Baudenkmal der Markgrafenfamilie in eine gemeinnützige Stiftung „Schloss Salem" eingebracht werden.

Bekannt wurde der „Deal" ausgerechnet in dem Jahr, als sich die Erhebung Badens zum Großherzogtum zum 200. Mal jährte. Der Festakt in Karlsruhe, an dem unter anderem Markgraf Max, Prinz Bernhard und Ministerpräsident Günther Oettinger teilnahmen, war vom „Kulturgüterstreit" überschattet. Nicht nur die badische Öffentlichkeit, die Landesvereinigung Baden in Europa und die „Badische Heimat", sondern auch der Deutsche Kulturrat und Wissenschaftler aus aller Welt protestierten gegen den Ausverkauf des unersetzlichen Kulturguts, das in privaten Sammlungen zu verschwinden drohte. Ministerpräsident Oettinger unterschätzte zunächst den Sturm der Entrüstung, der seinen Worten nach nur *im Kulturteil der*

Zeitungen, nicht auf den Wirtschaftsseiten geäußert wurde. Doch die öffentliche Empörung schwoll unaufhaltsam an. Sie erreichte ihren Höhepunkt, als der Historiker Dieter Mertens nachwies, dass Kunstgegenstände wie die Markgrafentafel von Hans Baldung Grien, die Oettinger im Eigentum des Adelshauses wähnte, längst dem Land gehörten.

Salem wird staatliches Schloss

Nachdem die Grundlagen des geplanten Deals als fragwürdig entblößt worden waren, setzte das Land eine Expertenkommission aus hochkarätigen Juristen und Historikern ein, die über ein Jahr lang die Eigentumsverhältnisse der zwischen dem Land und dem Adelshaus umstrittenen Sammlungen untersuchten. Die Fachleute, die ihre Arbeit 2007 abschlossen, kamen zu dem Schluss, dass der weitaus größte Teil der Kunstschätze dem Land gehörte.

Das Haus Baden war dadurch in seiner Verhandlungsposition geschwächt, trotzdem erreichte Prinz Bernhard eine für die markgräfliche Familie durchaus befriedigende Lösung. Man einigte sich auf ein Gesamtpaket, das das Land Baden-Württemberg 57,8 Millionen Euro kostete. Darin enthalten waren 25,8 Millionen Euro für Salem, das seit 2009 als „staatliches Schloss" firmiert und im Rahmen von Führungen für die Öffentlichkeit zugänglich ist. 17 Millionen Euro flossen zudem für Kunstwerke aus dem Eigentum des Adelshauses und 15 Millionen Euro für umstrittene Kulturgüter. Sitz der Markgrafen von Baden ist Salem geblieben – eine Art große Eigentumswohnung im Schloss wurde vom Verkauf ausgenommen. Außerdem beherbergt das ehemalige Zisterzienser-Kloster rund 270 Schüler des Internats Schloss Salem. Die heute von einem Verein betriebene, international ausgerichtete Privatschule ist auf vier Standorte im Bodenseegebiet verteilt.

Baden im Europa der Regionen

Der aus Württemberg stammende Bundespräsident Theodor Heuss zeigte sich bereits 1955 überzeugt: *Das, was sich einst an Verstimmung zwischen den Badenern und Schwaben gestaut hatte, ist schon im Versickern. Und die Jungen werden in ein paar Jahrzehnten gar nichts mehr davon wissen.* Tatsächlich ist bei der jüngeren Generation im Einwandererland Baden-Württemberg das Wissen um die historischen Besonderheiten stark geschwunden, zumal im Schulunterricht die südwestdeutsche Geschichte allenfalls eine untergeordnete Rolle spielt. Gleichwohl sind innerhalb des Südweststaats die alten Grenzen spürbar geblieben. Freilich haben die Kabbeleien zwischen Badenern und Schwaben (gemeint sind die Württemberger) mehr und mehr einen folkloristischen Charakter angenommen, sie sind zu einer Art Volkssport geworden. Bis heute gilt, was der 1999 verstorbene Schriftsteller und Journalist Hubert Doerrschuck, besser bekannt unter dem Pseudonym Amadeus Siebenpunkt, in seinem Buch „Deutschland Deine Badener" feststellte: dass die Badener vor allem dann Badener sind, wenn sie nördlich des Mains für Schwaben gehalten werden.

Man würde den Badenern unrecht tun, würfe man ihnen deswegen Eigenbrötlerei oder Rückwärtsgewandtheit vor. Aufgrund der zentralen Lage im Herzen Europas war Baden von jeher ein Schmelztiegel, dessen Attraktivität nicht zuletzt von einem ständigen Zustrom von Migranten rührt. Der territorialen Zersplitterung der Vergangenheit wiederum verdankt das Land eine immense Kulturdichte. Heute existieren innerhalb des badischen Landesteils nebeneinander zahlreiche regionale (Teil-)Identitäten, die über politische Grenzziehungen hinwegstreben. Die seit 2005 bestehende Metropolregion Rhein-Neckar im Schnittpunkt von Baden-Württemberg, Hessen und Rheinland-Pfalz sowie die 2010 gegründete trinationale Metropolregion Oberrhein könnten kaum funktionieren, würden sie nicht auf kulturellen und mentalen Gemeinsamkeiten gründen: Man setzt auf die länderübergreifende Zusammenarbeit und fühlt sich durch ein gemeinsames „Savoir vivre" mit den Nachbarn auf der anderen Seite des Rheins verbunden. Im Europa der Regionen hat Baden seinen Platz gefunden und den Herausforderungen der Globalisierung sehen die Menschen mit badischer Gelassenheit entgegen.

Das Badnerlied

Das schönste Land in Deutschlands Gau'n
Das ist mein Badner Land.
Es ist so herrlich anzuschauen
Und ruht in Gottes Hand.

Refrain:
Drum grüß ich dich mein Badner Land,
du edle Perl im deutschen Land, deutschen Land.
Frischauf, frischauf.
Frischauf, frischauf.
Frischauf, frischauf mein Badner Land.

In Karlsruh' ist die Residenz,
in Mannheim die Fabrik,
in Rastatt ist die Festung,
und das ist Badens Glück.

In Haslach gräbt man Silbererz,
bei Freiburg wächst der Wein,
im Schwarzwald schöne Mädche
ein Badner möchte ich sein.

Alt-Heidelberg, du feine,
du Stadt an Ehren reich.
Am Neckar und am Rheine
Kein andre kommt dir gleich.

Und Konstanz liegt am Bodense
durchströmt vom jungen Rhein,
des Hegaus Berge winken ihm
im goldnen Sonnenschein.

…

Das Badner Lied ist im 19. Jahrhundert wohl als patriotisches Bekenntnis zum neu gegründeten Land Baden entstanden und vermittelt einen Eindruck von der Vielfalt des Landes. Im Laufe der Jahrzehnte wurde und wird es immer weiter ergänzt. Mittlerweile sind mehrere hundert Strophen bekannt. Darunter sind zahlreiche anti-schwäbische Verse, die in der Mehrzahl um die Zeit der Südweststaatbildung gedichtet worden sein dürften.

Zeittafel

724	Abt Pirmin gründet das Kloster Reichenau
1061	Das Herzogtum Kärnten kommt an die Zähringer. Es ist verbunden mit der Markgrafschaft Verona
1074	Markgraf Hermann I. von Verona, der Stammvater der Badener, stirbt in Cluny
1112	In einer Urkunde wird Hermann II. erstmals als „Markgraf von Baden" bezeichnet
1218	Die Zähringer sterben im Mannesstamm aus
1268	Friedrich von Baden wird mit dem letzten Staufer Konradin in Neapel hingerichtet, Ende des Herzogtums Schwaben
1348–1349	Große Pest
1356	Erdbeben von Basel
1356	Die Pfalz wird Kurfürstentum
1386	Ruprecht von der Pfalz gründet die Universität Heidelberg
1414	Das Konzil von Konstanz wird eröffnet
1457	Erzherzog Albrecht von Österreich stiftet die Universität Freiburg
1458	Bernhard von Baden (seliggesprochen 1769) stirbt in Moncalieri bei Turin an der Pest
1462	Schlacht von Seckenheim: Kurfürst Friedrich I. von der Pfalz besiegt den Markgrafen Karl von Baden und den Grafen Ulrich von Württemberg
1505	Unter Markgraf Christoph I. sind alle badischen Territorien vereint
1523–1525	Bauernkrieg
1535	Teilung Badens zwischen den Markgrafen Ernst (Baden-Durlach) und Bernhard (Baden-Baden)
1555	Augsburger Religionsfrieden. In der Folge wird Baden-Durlach lutherisch, Baden-Baden katholisch
1594–1622	Oberbadische Okkupation: Die evangelischen Markgrafen von Baden-Durlach besetzten das katholische Baden-Baden
1618–1648	Dreißigjähriger Krieg
1689	Im Pfälzischen Erbfolgekrieg werden unter anderem Mannheim, Pforzheim, Durlach, Ettlingen, Baden-Baden und Offenburg zerstört
1691	Schlacht bei Slankamen, Markgraf Ludwig Wilhelm von Baden-Baden erringt einen entscheidenden Sieg über die Türken
1693	Heidelberg geht in Flammen auf
1697	Beginn des Schlossbaus in Rastatt
1714	Mit dem Frieden von Rastatt endet der Spanische Erbfolgekrieg
1715	Karl Wilhelm von Baden-Durlach gründet Karlsruhe
1720	Mannheim wird Residenz der Kurpfalz, Grundsteinlegung für das Mannheimer Schloss
1720–1755	Salpeterer-Aufstände im Hotzenwald
1767	Markgraf Karl Friedrich schafft in Baden-Durlach die Folter ab
1771	Wiedervereinigung der badischen Markgrafschaften nach dem Aussterben der Baden-Badener im Mannesstamm
1778	Kurfürst Karl Theodor von der Pfalz verlegt seine Residenz von Mannheim nach München
1783	Markgraf Karl Friedrich hebt die Leibeigenschaft auf
1789	Beginn der französischen Revolution

1796	Die Truppen des französischen Generals Moreau überschreiten bei Kehl den Rhein
1801	Frieden von Lunéville: Der Rhein wird als natürliche Grenze Frankreichs festgelegt
1803	Baden wird Kurfürstentum
1806	Baden wird Großherzogtum
1809	Der Oberrat der Israeliten Badens wird gegründet.
1815	Das Großherzotum Baden tritt dem Deutschen Bund bei
1817–1879	Rheinkorrektion
1817	Der Erfinder Karl Friedrich von Drais fährt mit seiner Laufmaschine von Mannheim nach Schwetzingen und führt damit einen Vorläufer des Fahrrads vor
1818	Großherzog Karl unterzeichnet die badische Verfassung
1819	Eröffnung des ersten badischen Landtags in Karlsruhe
1820	Grundsteinlegung für das Ständehaus in Karlsruhe
1821	Die badische evangelische Landeskirche wird eine unierte Kirche. Auf katholischer Seite wird das Bistum Konstanz aufgehoben und die Oberrheinische Kirchenprovinz mit Metropolit in Freiburg geschaffen.
1825	Gründung des Polytechnikums, der ersten technischen Hochschule Deutschlands, in Karlsruhe
1827	Bernhard Boll wird erster Freiburger Erzbischof
1828	In Nürnberg taucht Kaspar Hauser, der vermeintliche badische Erbprinz, auf.
1840	Eröffnung der ersten badischen Eisenbahnstrecke von Mannheim nach Heidelberg
1844	Grundsteinlegung für die Bundesfestung Rastatt
1848–1849	Revolution in Baden. Sie endet am 23. Juli 1849 mit der Kapitulation der Revolutionäre in der Festung Rastatt
1850	In Furtwangen wird die erste staatliche Uhrmacherschule Deutschlands eröffnet.
1852	Prinzregent Friedrich hebt nach dem Tod von Großherzog Leopold den Kriegszustand in Baden auf
1859	Großherzogin Luise gründet den Badischen Frauenverein
1860	In Baden beginnt die „Neue Ära".
1862	Der badische Staat übernimmt die Aufsicht über das Schulwesen.
1864	Gründung des Schwarzwaldvereins in Freiburg.
1867	Der Kulturkampf verschärft sich: Angehende Priester müssen ein Kulturexamen ablegen
1869	Die Zivilehe wird in Baden eingeführt.
1870	Baden wird Bundesstaat in dem von Bismarck geschaffenen Deutschen Reich.
1871	Großherzog Friedrich I. bringt in Versailles das erste Hoch auf Kaiser Wilhelm aus und verhindert einen Eklat.
1886	Carl Benz erhält ein Patent auf das erste Fahrzeug mit Verbrennungsmotor.
1888	Berta Benz wagt mit ihren Söhnen die Autofahrt von Mannheim über Ladenburg, Wiesloch und Bruchsal nach Pforzheim.
1893	In Karlsruhe wird das erste deutsche Mädchengymnasium eröffnet.
1900	In Baden werden erstmals Frauen zum Studium zugelassen.
1904	Verfassungsänderung: In Baden wird das direkte Wahlrecht eingeführt.

1916	Luftangriff auf Karlsruhe mit 120 Toten
1918	Ende der Monarchie: Am 14. November wird die „Republik Baden" ausgerufen
1919	Erstmals dürfen auch Frauen wählen. Als erste Frau im Karlsruher Ständehaus spricht Marianne Weber.
1921	In Bad Griesbach wird Matthias Erzberger ermordet.
1923	Baden wird Nebenschauplatz des Ruhrkampfes. Die schleichende Inflation geht in eine galoppierende Inflation über.
1929	Die NSDAP erringt sechs Sitze im 88-köpfigen badischen Landtag.
1933	Beginn der nationalsozialistischen Gewaltherrschaft, Robert Wagner wird Reichsstatthalter in Baden.
1936	Deutsche Truppen marschieren in die entmilitarisierte Zone ein.
1938	Bau des Westwalls wird gestartet. Novemberpogrom
1939	Beginn des Zweiten Weltkriegs, Evakuierung der „Roten Zone".
1940	Bei der Aktion T4 zur Vernichtung „unwerten Lebens" werden in Grafeneck rund 4500 Badener ermordet. Deportation der badischen Juden nach Gurs. Erste Luftangriffe auf badische Städte.
1944/1945	Großflächige Bombardements badischer Städte. Bei einem Angriff auf Pforzheim am 23. Februar 1945 sterben innerhalb von 22 Minuten 18000 Menschen.
1945	Mit der Besetzung von Markdorf enden die Kampfhandlungen auf badischem Boden. Nordbaden liegt in der amerikanischen Besatzungszone und wird mit Nordwürttemberg zu dem Land Württemberg-Baden zusammengeschlossen. Südbaden gehört zur französischen Besatzungszone und firmiert unter der Länderbezeichnung „Baden".
1948	Die westlichen Militärgouverneure beauftragen die deutschen Regierungschefs, Vorschläge für eine Neugliederung der Länder zu machen. / Die Regierung Südbadens unter Leo Wohleb tritt zurück, um ein Zeichen gegen die Demontagepolitik der französischen Besatzungsmacht zu setzen.
1950	Der Bundesgerichtshof nimmt in Karlsruhe seine Tätigkeit auf. / Zur Länderneuregelung im Südwesten wird eine Probeabstimmung durchgeführt.
1951	Das Bundesverfassungsgericht wird in Karlsruhe eröffnet. / Die Volksabstimmung zur Länderneugliederung am 9. Dezember 1951 ergibt eine Mehrheit von 69,7 Prozent für den Südweststaat. Im Bereich des alten badischen Landes stimmt allerdings eine hauchdünne Mehrheit von 52,2 Prozent für die Wiederherstellung der alten Länder.
1952	Baden-Württemberg wird gegründet.
1956	Baden-Württemberg steht wieder zur Disposition: Der Heimatbund Badnerland klagt erfolgreich bei Bundesverfassungsgericht auf Zulassung eines Volksbegehren in Baden.
1966	Die Universität Konstanz wird als jüngste badische Universität gegründet.
1970	Beim Volksentscheid in Baden stimmen 81,9 Prozent für den Verbleib in Baden-Württemberg.
1972	Terror-Anschlag auf das Heidelberger Hauptquartier der US-Streitkräfte
1973	Durch die Kreisreform sinkt die Zahl der Landkreise in Baden-Württemberg von 63 auf 35.

1975	Durch die Gemeindereform sinkt die Zahl der Gemeinden in Baden-Württemberg von 3379 auf 1108.
1977	Generalbundesanwalt Siegfried Buback und zwei Begleiter werden in Karlsruhe auf offener Straße von RAF-Terroristen ermordet.
1983	Die Landesregierung verabschiedet sich endgültig vom projektierten Kernkraftwerk Wyhl am Kaiserstuhl.
1997	Neuer Energieriese: Die in Landesbesitz befindliche Badenwerk AG und die Energieversorgung Schwaben (EVS) fusionieren zur EnBW mit Sitz in Karlsruhe.
2006	Die Feierlichkeiten „200 Jahre Großherzogtum" werden vom heraufziehenden Kulturgüterstreit überschattet
2009	Aus dem Zusammenschluss der Universtiät Karlsruhe und des Forschungszentrums Karlsruhe entsteht das KIT (Karlsruher Institut für Technologie).

Großherzöge von Baden

1) Karl Friedrich
   * 1728, † 1811, Enkel von Markgraf Karl Wilhelm von Baden-Durlach, dem Gründer der Stadt Karlsruhe, Sohn von Erbprinz Friedrich und Anna Charlotte von Nassau-Oranien,
   reg. ab 1738 (bis 1746 vormundschaftlich),
   Kurfürst ab1803, Großherzog ab1806
   Verheiratet mit 1.1) Karoline Luise von Hessen-Darmstadt
   Verheiratet mit 1.2) Luise Karoline Geyer von Geyersberg, Reichsgräfin Hochberg

2) Karl
   * 1786, † 1818, Enkel von 1) und 1.1),
   Sohn von Erbprinz Karl Ludwig und Amalie von Hessen-Darmstadt
   Großherzog ab 1811
   Verheiratet mit Stephanie Napoleon geb. de Beauharnais

3) Ludwig I.
   * 1763, † 1830
   Sohn von 1) und 1.1)
   Großherzog ab 1818

4) Leopold
   * 1790, † 1852
   Sohn von 1) und 1.2)
   Großherzog ab 1830
   Verheiratet mit 4.1) Sophie von Schweden

5) Ludwig II.
   * 1824, † 1858
   Sohn von 4) und 4.1)
   Großherzog 1852, nicht regierungsfähig

6) Friedrich I.
   * 1826, † 1907
   Sohn von 4) und 4.1)
   Regent ab 1852, Großherzog ab 1856
   Verheiratet mit 6.1) Luise von Preußen

7) Friedrich II.
   * 1857, † 1928
   Sohn von 6) und 6.1)
   Großherzog 1907–1918
   Verheiratet mit Hilda von Nassau

Staatsoberhäupter seit 1918

Badische Staatspräsidenten

Anton Geiß (SPD)	1918–1920
Gustav Trunk (Zentrum)	1920–1921
Hermann Hummel (DDP)	1921–1922
Adam Remmele (SPD)	1922–1923
Heinrich Köhler (Zentrum)	1923–1924
Willy Hellpach (DDP)	1924–1925
Gustav Trunk (Zentrum)	1925–1926
Heinrich Köhler (Zentrum)	1926–1927
Gustav Trunk (Zentrum)	1927 (Feb.–Nov.)
Adam Remmele (SPD)	1927–1928
Josef Schmitt (Zentrum)	1928–1930
Josef Wittemann (Zentrum)	1930–1931
Josef Schmitt (Zentrum)	1931–1933

Im Dritten Reich

Reichskommissar für das Land Baden
Robert Wagner (NSDAP)	11.3.1933–8.5.1933

Ministerpräsident von Baden
Walter Köhler (NSDAP)	8.5.1933–April 1945

Staatspräsident von (Süd-)Baden

Leo Wohleb (BCSV/CDU)	1947–1952

Ministerpräsident von Württemberg-Baden

Reinhold Maier (DVP)	1945–1952

Ministerpräsidenten von Baden-Württemberg

Reinhold Maier (DVP/FDP)	1952–1953
Gebhard Müller (CDU)	1953–1958
Kurt Georg Kiesinger (CDU)	1958–1966
Hans Filbinger (CDU)	1966–1978
Lothar Späth (CDU)	1978–1991
Erwin Teufel (CDU)	1991–2005

Günther H. Oettinger (CDU)   2005–2010
Stefan Mappus (CDU)   2010–2011
Winfried Kretschmann (Grüne)   seit 2011

Literatur

Archäologisches Landesmuseum Baden-Württemberg (Hrsg.), Imperium Romanum. Roms Provinzen an Neckar, Rhein und Donau, Stuttgart 2005

Asche, Susanne, Bräunche, Ernst Otto (Hrsg.), Die Straße der Demokratie. Ein Routenbegleiter auf den Spuren der Freiheit, Karlsruhe 2007

Badische Heimat, 100 Badische Jahre, Zeitschrift für Landes- und Volkskunde, Natur-, Umwelt- und Denkmalschutz, 89. Jahrgang, Heft 1/2009

Badisches Landesmuseum (Hrsg.), Imperium Romanum. Römer, Christen, Alamannen. Die Spätantike am Oberrhein, Stuttgart 2005

Badisches Landesmuseum, Museumsführer: Ur- und Frühgeschichte (Karlsruhe, 2008), Römer am Oberrhein (2008), Mittelalter (2009), Von der Reformation bis zu den Erbfolgekriegen. 16. und 17. Jahrhundert (2008), Absolutismus und Aufklärung 1689–1789 (2003), Schloss und Hof Karlsruhe(2008), Baden 1789–1918 (2001), Baden und Europa 1918 bis 2000 (2004)

Badisches Landesmuseum, 1848/49. Revolution der deutschen Demokraten in Baden. Zur Landesausstellung im Karlsruher Schloss, Baden-Baden 1998

Boelcke, Willi A., Wirtschaftsgeschichte Baden-Württembergs von den Römern bis heute, Stuttgart 1987

Borchardt-Wenzel, Annette, Die Frauen am badischen Hof, 2. Aufl., Gernsbach 2010

Borchardt-Wenzel, Annette, Karl Friedrich von Baden. Mensch und Legende, Gernsbach 2006

Ehrle, Peter Michael, Obhof, Ute, Die Handschriftensammlung der Badischen Landesbibliothek. Bedrohtes Kulturerbe, Gernsbach 2007

Engehausen, Frank, Kleine Geschichte des Großherzogtums Baden 1806–1918, Leinfelden-Echterdingen 2005

Finkele, Diana, Schwäbinnen und Badenerinnen. Frauenleben in Baden und Württemberg von 1750 bis heute, Mühlacker 2004

Haus der Geschichte Baden-Württemberg (Hrsg.), Landesgeschichten: der deutsche Südwesten von 1790 bis heute, das Buch zur Dauerausstellung im Haus der Geschichte, Red.: Joachim Baur, Stuttgart 2002

Hochstuhl, Kurt, Leo Wohleb. Pädagoge und Politiker. Prägende Köpfe aus dem Südwesten Band 6, Leinfelden-Echterdingen, 2009

Hug, Wolfgang, Geschichte Badens, 2. Auflage, Stuttgart 1992

Kohnle, Armin, Kleine Geschichte der Markgrafschaft Baden, Leinfelden-Echterdingen, 2007

Krapp, Karin, Die Alamannen. Krieger – Siedler – frühe Christen, Stuttgart 2007

Landesarchiv Baden-Württemberg, 1806. Baden wird Großherzogtum, hrsg. von Volker Rödel, Karlsruhe 2006

Landesarchiv Baden-Württemberg, Gleiche Rechte für alle? Zweihundert Jahre jüdische Religionsgemeinschaft in Baden 1809–2009, bearbeitet von Uri R. Kaufmann und RainerBrüning, Ostfildern 2009

Landeszentrale für politische Bildung Baden-Württemberg (Hrsg), Baden-Württemberg. Eine kleine politische Landeskunde, 6. überarb. Auflage, Stuttgart 2008

Matz, Klaus-Jürgen, Kleine Geschichte des Landes Baden-Württemberg, Lein-
felden-Echterdingen 2010
Meier-Braun, Karl-Heinz, Weber, Reinhold, Kleine Geschichte der Ein- und
Auswanderung in Baden-Württemberg, Leinfelden-Echterdingen 2009
Metz, Friedrich (Hrsg.), Vorderösterreich. Eine geschichtliche Landeskunde, 4.
Aufl., Freiburg 2000
Noelle-Neumann, Elisabeth (Hrsg.), Baden-Württembergische Portraits. Frau-
engestalten aus fünf Jahrhunderten, Stuttgart 1999
Oberrat der Isrealiten Badens (Hrsg.), Jüdisches Leben in Baden 1809 bis 2009.
200 Jahre Oberrat der Israeliten Badens, Ostfildern 2009
Oster, Uwe A., Die Großherzöge von Baden 1806–1918, Regensburg 2007
Schnabel, Thomas, Geschichte von Baden und Württemberg 1900–1952, hrsg.
vom Haus der Geschichte Baden-Württemberg, Stuttgart 2000
Schnabel, Thomas, Geschichte von Baden-Württemberg 1952–2002, hrsg. vom
Haus der Geschichte Baden-Württemberg, Stuttgart 2000
Schwarzmaier, Hansmartin, Baden. Dynastie – Land – Staat, Stuttgart 2005
Schwarzmaier, Hansmartin, Krimm, Konrad, Stievermann, Dieter, Kaller, Ger-
hard, Stratmann-Döhler, Rosemarie, Geschichte Badens in Bildern 1100–
1918, Stuttgart 1993
Schwarzmaier, Hansmartin, Schaab, Meinrad (Hrsg.), Handbuch der baden-
württembergischen Geschichte, 5 Bände in sechs Büchern, Stuttgart, 1992–
2007
Speck, Dieter, Kleine Geschichte Vorderösterreichs, Leinfelden-Echterdingen
2010
Stadt Karlsruhe, Stadtarchiv, Karlsruhe – die Stadtgeschichte (Red.: Ernst Otto
Bräunche), Karlsruhe 1998
Stiefel, Karl, Baden 1648–1952, 2 Bände, Karlsruhe 1977
Weber, Reinhold, Kleine Geschichte der Länder Baden und Württemberg
1918–1945, Leinfelden-Echterdingen 2008
Wehling, Hans-Georg, Hauser-Hauswirt Angelika, Sepaintner, Fred Ludwig
(Hrsg.), Baden-Württemberg. Vielfalt und Stärke der Regionen, Leinfelden-
Echterdingen, 2002
Wehling, Hans-Georg, Weber, Reinhold, Geschichte Baden-Württembergs,
München 2007
Wehling, Hans-Georg, Wehling, Rosemarie, Wegmarken südwestdeutscher Ge-
schichte, Stuttgart 2004
Weihnacht, Paul-Ludwig (Hrsg), Baden. 200 Jahre Großherzogtum, Vom Fürs-
tenstaat zur Demokratie, Freiburg i.Br/Berlin/Wien 2008

Internetadressen

www.baden-wuerttemberg.de
www.landesarchiv-bw.de

www.landesmuseum.de (Badisches Landesmuseum mit Zweigstellen)
www.tuerkenbeute.de (virtuelles Museum, mit vielen Hinweisen zur badischen
Landesgeschichte)
www.hdgbw.de (Haus der Geschichte Baden-Württemberg)
www.konstanz.alm-bw.de (Archäologisches Landesmuseum)
www.schloesser-magazin.de (Staatliche Schlösser und Gärten)

www.badische-heimat.de
www.lvbaden.de (Landesvereinigung Baden in Europa)
www.bfsbw.de (Bund Freiheit statt Baden-Württemberg)

www.bistum-freiburg.de (Erzdiözese Freiburg)
www.ekiba.de (Evangelische Landeskirche)
www.irg-baden.de (Israelitische Religionsgemeinschaft Baden)

www.tourismus-bw.de
www.schwarzwald-tourismus.info

www.kit.edu (Karlsruher Institut für Technologie, Zusammenschluss von Kernforschungszentrum und Universität Karlsruhe)
www.uni-heidelberg.de
www.uni-freiburg.de
www.uni-mannheim.de
www.uni-konstanz.de

www.drive.to/pink (Homepage des Freiburger Badnerlied-Forschers Ossi W.
Pink, der über 750 Badnerlied-Strophen gesammelt hat.)

Ortsregister

193

Personenregister

Bildnachweis